ま　え　が　き

　平成18年より改正公認会計士法に基づく新公認会計士試験が実施されました。「出題範囲の要旨」によれば、「財務会計論の分野には、簿記、財務諸表論、その他企業等の外部利害関係者の経済的意思決定に役立つ情報を提供することを目的とする会計の理論が含まれる」とされています。このうち、財務諸表論は「企業等の財務諸表の作成及び理解に必要な会計理論、会計諸規則及び諸基準並びに会計処理手続について出題する」とされ、さらに「会計諸規則及び諸基準の範囲には、会社計算規則、財務諸表等規則等の他、基本的には企業会計審議会の意見書及び企業会計基準委員会の企業会計基準を含めるが、これらの意見書及び基準の解釈上必要な場合には、企業会計基準委員会の適用指針及び実務対応報告、日本公認会計士協会の実務指針等も適宜出題範囲とする」とされています。この「出題範囲の要旨」を見る限り、新試験における財務諸表論＝財務会計論（理論）の出題傾向が、旧試験のそれに比して大幅に変わっているとはいえません。

　旧試験では、出題のベースを会計諸規則及び諸基準においている問題が大半を占めました。もちろん、会計諸規則及び諸基準以外のいわゆる会計純理論の出題もなされてはいましたが、そのような純理論に関してはきわめて標準的な見解から選択肢を絞り込むものが大多数でありました。この傾向は新試験にそのまま引き継がれています。

　このように考えた場合、いかなる対策をとればよいかという結論は、容易に導き出せます。それは「基本重視の学習」です。基本を重視した学習とは、会計諸規則及び諸基準を常に傍らに置いた、通説としての財務会計を学ぶことをいいます。この点、公認会計士審査会・新公認会計士試験実施に係る準備委員会は、「改正公認会計士法における公認会計士試験の実施について」の中で、「短答式試験においては、公認会計士となろうとする者に必要な基本的知識を体系的に理解しているかどうかを客観的に判定するために、幅広い分野から基本的な問題を多数出題することが適切である」と述べています。したがって、受験生諸君は、とにもかくにも「基本重視」の短答式対策を実施することを願いたい。どんなに深

i

い知識を有し、さまざまな学説をマスターしている受験生であっても、短答式試験を突破しないことには、次なるステージ、すなわち論文式試験へと進むことはできないのです。繰り返しになりますが、会計諸規則及び諸基準を軸とした基本学習を重ねていただきたい。

　なお、次々と新しい会計諸規則及び諸基準（いわゆる新会計基準）が公表されています。近年の短答式試験における新会計基準の出題比率は相当に高く、新会計基準のマスターが短答式試験突破の鍵となることは間違いありません。本書、『短答式対策　財務会計論（理論）』は、新会計基準の公表に伴う試験範囲の拡大に対し完全に準拠するものとなっており、出稿段階（2023年2月1日）における最新の会計理論に対応したものになっています。

　本問題集を存分に活用し、短答式試験を是非とも突破していただきたい。

2023年（令和5年）5月

資格の大原　公認会計士講座

財務会計論　理論スタッフ一同

本書の特徴と構成

最新の会計基準を含む、出題可能性の高い論点を網羅
・従来の頻出論点だけでなく、最新の会計基準も含め全100題を厳選。
試験傾向に対応した問題演習に最適
・試験傾向に対応した問題演習を行うことにより、短答式試験の得点に直接結びつく学習が可能。

最新の会計基準を含め全100題を掲載。

わかりやすい解説。

1 概念フレームワーク(1)

財務会計の概念フレームワークに関する次のア～エの記述のうち、正しいものが二つある。その記号の組合せの番号を一つ選びなさい。

ア．経営者には投資家の意思決定に資する情報を開示することが期待されている。したがって、経営者に求められる役割は、企業の投資のポジション（ストック）とその成果（フロー）に関する事実としての情報および経営者が主観的に見積もった企業価値の情報を開示することにある。

イ．財務報告の目的を達成するにあたり、会計情報に求められる最も基本的な特性は、意思決定との関連性である。

ウ．信頼性とは、中立性・検証可能性・表現の忠実性などに支えられ、会計情報が信頼に足る情報であることを指す。

エ．ディスクロージャー制度において開示される会計情報は、企業関係者の間の私的契約等を通じた利害調整にも副次的に利用される。

1．アイ　2．アウ　3．アエ　4．イウ　5．イエ　6．ウエ

本試験に直結する厳選問題を掲載。

1 概念フレームワーク(1)

〈解答〉6
〈解説〉

ア．誤り。
投資家は経営者により開示された情報を利用して、自己の責任で将来の企業成果を予想し、現在の企業価値を評価する。会計情報は企業価値の推定に資することが期待されているが、企業価値それ自体を表現するものではない。企業価値を主観的に見積もるのはみずからの意思で投資を行う投資家であり、会計情報には、その見積もりにあたって必要な、予想形成に役立つ基礎を提供する役割が期待されている。したがって、経営者に求められる役割は、原則として、企業の投資のポジション（ストック）とその成果（フロー）に関する事実としての情報開示することにあり、経営者が主観的に見積もった企業価値の情報開示は求められていない（討議資料「財務会計の概念フレームワーク」「財務報告の目的」第2項、第7項、第8項、第16項）。

イ．誤り。
財務報告の目的を達成するにあたり、会計情報に求められる最も基本的な特性は、意思決定との関連性ではなく、意思決定有用性である（討議資料「財務会計の概念フレームワーク」「会計情報の質的特性」第1項）。

ウ．正しい。
討議資料「財務会計の概念フレームワーク」「会計情報の質的特性」第6項。

エ．正しい。

解説には参照規定を掲載。

本書の使い方

本書は公認会計士試験の短答式試験対策用の問題集です。

＜本書の特徴と構成＞でもご紹介したとおり、本書では本試験レベルの問題を100題収録しています。

まずは、順番どおりに問題を解いていきましょう。解答時間は、1肢30秒程度を目安にしてください。答え合わせの際には、解答の番号が正解できたか否かだけでなく、解説の文章にも必ず目を通し、誤りの肢について誤りの理由と正しい内容を確認しましょう。また、参照規定のある肢は、法令基準集等で該当規定を確認するようにしましょう。解き直しの際は、1回目に不正解となった問題が正解できるようになったかと、1肢1肢の正誤判定を正確に行うことができるようになったかを確認しましょう。本書に収録した100題すべての肢の正誤を正しく判定できるようになっていれば，試験の合格はすぐそこまで来ています。

> 本試験レベルの問題を掲載しています。

> 参照規定のある肢は、法令基準集等で該当規定を確認しましょう。

1 概念フレームワーク(1)

財務会計の概念フレームワークに関する次のア～エの記述のうち、正しいものが二つある。その記号の組合せの番号を一つ選びなさい。

ア．経営者には投資家の意思決定に資する情報を開示することが期待されている。したがって、経営者に求められる役割は、企業の投資のポジション（ストック）とその成果（フロー）に関する事実としての情報および経営者が主観的に見積もった企業価値の情報を開示することにある。
イ．財務報告の目的を達成するにあたり、会計情報に求められる最も基本的な特性は、意思決定との関連性である。
ウ．信頼性とは、中立性・検証可能性・表現の忠実性などに支えられ、会計情報が信頼に足る情報であることを指す。
エ．ディスクロージャー制度において開示される会計情報は、企業関係者の間の私的契約等を通じた利害調整にも副次的に利用される。

1．アイ　2．アウ　3．アエ　4．イウ　5．イエ　6．ウエ

1 概念フレームワーク(1)

〈解答〉6
〈解説〉

ア．誤り。
投資家は経営者により開示された情報を利用して、自己の責任で将来の企業成果を予想し、現在の企業価値を評価する。会計情報は企業価値の推定に資することが期待されているが、企業価値それ自体を表現するものではない。企業価値を主体的に見積もるのはみずからの意思で投資を行う投資家であり、会計情報には、その見積もりにあたって必要な、予想形成に役立つ基礎を提供する役割だけが期待されている。したがって、経営者に求められる役割は、原則として、企業の投資のポジション（ストック）とその成果（フロー）に関する事実としての情報を開示することにあり、経営者が主観的に見積もった企業価値の情報開示は求められていない（討議資料『財務会計の概念フレームワーク』「財務報告の目的」第2項、第7項、第8項、第16項）。

イ．誤り。
財務報告の目的を達成するにあたり、会計情報に求められる最も基本的な特性は、意思決定との関連性ではなく、意思決定有用性である（討議資料『財務会計の概念フレームワーク』「会計情報の質的特性」第1項）。

ウ．正しい。
討議資料『財務会計の概念フレームワーク』「会計情報の質的特性」第6項。

エ．正しい。

> 1肢1肢の正誤判定ができたかを確認しましょう。

財務会計論（理論）　出題論点一覧表

出題論点・テーマ	2019年第Ⅰ回	2019年第Ⅱ回	2020年第Ⅰ回	2020年第Ⅱ回	2021年	2022年第Ⅰ回	2022年第Ⅱ回	2023年第Ⅰ回
財務諸表論の基礎概念								
概念フレームワーク	○	○						○
利益概念				○				
その他					○	○	○	○
一般原則			○				○	
損益計算	○	○		○		○		○
貸借対照表総論								○
資産及び負債の概念		○						○
棚卸資産	○							○
固定資産								
固定資産の減損会計				○		○		○
その他			○					
繰延資産								○
負債会計								
資産除去債務								
その他			○	○		○		
資本会計								
自己株式等							○	
ストック・オプション	○	○		○	○			
その他					○			
一株当たり当期純利益						○	○	
会計上の変更及び誤謬の訂正		○	○		○			
企業結合会計	○		○		○			
リース会計	○		○				○	○
連結財務諸表	○	○	○		○		○	○
四半期財務諸表		○	○			○		
キャッシュ・フロー計算書	○							○
研究開発費等の会計		○				○		
税効果会計	○		○				○	
退職給付の会計			○	○	○			
金融商品の会計			○			○	○	
外貨換算会計								

目 次

(注) （ ）内は解答・解説のページを示す。

第1章 財務諸表論の基礎概念

第2章 一般原則

第3章 損益計算

第13章 企業結合会計

第14章 リース会計

第15章 連結財務諸表

第16章 四半期財務諸表

第22章 外貨換算会計

第1章

財務諸表論の基礎概念

1 概念フレームワーク(1)

　財務会計の概念フレームワークに関する次のア～エの記述のうち、正しいものが二つある。その記号の組合せの番号を一つ選びなさい。

ア．経営者には投資家の意思決定に資する情報を開示することが期待されている。したがって、経営者に求められる役割は、企業の投資のポジション（ストック）とその成果（フロー）に関する事実としての情報および経営者が主観的に見積もった企業価値の情報を開示することにある。

イ．財務報告の目的を達成するにあたり、会計情報に求められる最も基本的な特性は、意思決定との関連性である。

ウ．信頼性とは、中立性・検証可能性・表現の忠実性などに支えられ、会計情報が信頼に足る情報であることを指す。

エ．ディスクロージャー制度において開示される会計情報は、企業関係者の間の私的契約等を通じた利害調整にも副次的に利用される。

　1．アイ　　2．アウ　　3．アエ　　4．イウ　　5．イエ　　6．ウエ

2 概念フレームワーク(2)

わが国の討議資料『財務会計の概念フレームワーク』に関する次のア～エの記述のうち、正しいものが二つある。その記号の組合せの番号を一つ選びなさい。

ア．情報の非対称性を緩和するための会計情報や、その内容を規制する会計基準は、市場が効率的であれば不要になる。

イ．意思決定との関連性と信頼性は、会計情報が利用者の意思決定にとって有用であるか否かを直接判定する規準として機能し、内的整合性と比較可能性は、意思決定との関連性や信頼性が満たされているか否かを間接的に推定する際に利用される。

ウ．内的整合性とは、ある会計情報が、既存の会計基準全体の内容やそれを支える基本的な考え方と矛盾していないことをいい、特定の会計手続が毎期継続的に適用されることを要請するものである。

エ．わが国の概念フレームワークでは、資本主理論を所与としている。

　1．アイ　　2．アウ　　3．アエ　　4．イウ　　5．イエ　　6．ウエ

3 概念フレームワーク(3)

わが国の討議資料『財務会計の概念フレームワーク』に関する次のア～エの記述のうち、正しいものが二つある。その記号の組合せの番号を一つ選びなさい。

ア．『財務会計の概念フレームワーク』の内容には、現行の会計基準の一部を説明できないものや、いまだ基準化されていないものが含まれている。

イ．『財務会計の概念フレームワーク』は、資産負債アプローチと収益費用アプローチのいずれか一方によってのみ、会計制度における計算構造が成り立っているわけではないとの認識に基づいている。

ウ．投資家による将来キャッシュ・フローの予測において重視されるのは、投資の成果を表す利益の絶対的な大きさのみである。

エ．事実あるいは実績を開示するという財務報告の目的に照らすと、利用価値による測定が意味を持つ状況は存在しない。

　1．アイ　　2．アウ　　3．アエ　　4．イウ　　5．イエ　　6．ウエ

4 企業会計制度と会計基準

　企業会計制度と会計基準に関する次のア～エの記述のうち、正しいものが二つある。その記号の組み合わせを一つ選びなさい。

ア．会社法会計において、会社法および会社計算規則に規定されていない会計に関する事項については、「一般に公正妥当と認められる企業会計の慣行」に基づき処理されることとなる。これには、企業会計審議会または企業会計基準委員会から公表された会計基準や、日本公認会計士協会から公表された実務指針などが含まれる。

イ．金融商品取引法は、各種利害関係者間の利害の調整を行うためにディスクロージャー制度を設けている。

ウ．「企業会計原則」は、帰納的アプローチによって形成された会計基準といえる。

エ．日本において企業会計基準等を作成している企業会計基準委員会（ASBJ）はプライベート・セクターであるため、その作成する企業会計基準は、パブリック・セクターである企業会計審議会の承認を受けて初めて発効する。

　1．アイ　　　2．アウ　　　3．アエ　　　4．イウ　　　5．イエ　　　6．ウエ

5 会計基準の国際化

　国際会計基準（IFRS）に関する次のア～エの記述のうち、正しいものが二つ
ある。その記号の組合せの番号を一つ選びなさい。

ア．会計基準の国際的なコンバージェンスとは、国内基準と国際基準の主要な差
　　異を調整することにより、どちらの基準に基づく財務諸表を利用しても同一の
　　意思決定結果に到達するレベルにまで、国内基準と国際基準を実質的に合致さ
　　せることをいう。
イ．指定国際会計基準特定会社は、指定国際会計基準に従い連結財務諸表を作成
　　することができる。これに対し、連結財務諸表を作成していない会社は、指定
　　国際会計基準に従って財務諸表を作成することは認められていない。
ウ．エンドースメントとは、国際会計基準審議会（IASB）により公表された会
　　計基準等について、わが国で受け入れ可能か否かを判断したうえで、必要に応
　　じて、一部の会計基準等について「削除または修正」して採択する仕組みをい
　　う。
エ．IFRSとわが国の会計基準の間には差異が多く存在するため、エンドースメ
　　ント手続を行ううえでは、なるべく多くの事項について「削除または修正」を
　　行ったうえで、採択すべきであると考えられている。

　1．アイ　　2．アウ　　3．アエ　　4．イウ　　5．イエ　　6．ウエ

6 利益概念

　利益概念に関する次のア〜エの記述のうち、正しいものが二つある。その記号の組合せの番号を一つ選びなさい。

ア．収益費用アプローチの会計課題は、企業活動の効率性の把握である。このアプローチのもとでは、努力した結果として生み出された成果を表現する収益と当該収益を生み出すために投下された努力を表現する費用とを、同一の会計期間にいかに認識するかが最大の関心事であるため、費用と収益の対応が最も重要な基礎概念となる。

イ．資産負債アプローチの会計課題は、企業の豊かさ（富）の把握である。このアプローチのもとでは、利益は期首と期末の純資産額の変動として把握されるが、利益は豊かさの計算に付随して副産物として計算されるに過ぎないといえる。

ウ．財産法は、ある会計期間の期末純資産額から期首純資産額を差し引くことにより損益計算を行う計算方式であり、損益の原因分析による経営効率の判定のために有効であるという長所を有する。

エ．物価変動がもたらす資産の増減変動額は、原則として売却時に損益として処理される。これは、現行制度が実質資本維持概念を前提としているためである。

　　1．アイ　　2．アウ　　3．アエ　　4．イウ　　5．イエ　　6．ウエ

7 会計公準、会計主体論

会計公準と会計主体論に関連する次のア～オまでの記述のうち、誤っているものを一つ選びなさい。

ア．企業実体の公準は会計の対象範囲を形式的に特定するものであり、最も一般的な企業実体は法的に独立した個々の企業とされる。しかし、この会計の対象範囲はさらに細分化されることもあれば、グループ化されることもある。

イ．企業実体の公準のもとでは、［資産＝負債＋資本（純資産）］という基本等式は成立するが、［資産－負債＝資本（純資産）］という基本等式は成立しない。

ウ．今日の企業会計において、有形固定資産の減価償却を要求する会計原則は、継続企業の公準から導出される。

エ．貨幣的測定（評価）の公準のもとでは、企業会計における測定単位として貨幣額が用いられる。したがって、貨幣的測定が不可能ないし困難である企業の経済活動及びこれに関連する経済事象については、測定の前提である認識の対象とはされない。

オ．企業を株主や債権者等の利害関係者とは別個の独立した存在としてとらえ、会計の立場も企業それ自体に求める企業主体理論においては、負債は、負の資産（消極財産）としてではなく、企業資本の調達源泉として位置づけられるため、資本（自己資本）に対する他人資本として、両者は同質的な性格のものとみなされる。

1．ア　　2．イ　　3．ウ　　4．エ　　5．オ

第2章 一般原則

8 一般原則(1)

　一般原則に関する次のア～エまでの記述のうち、正しいものが二つある。その記号の組み合わせを一つ選びなさい。

ア．真実性の原則における真実は、他の一般原則と損益計算書原則及び貸借対照表原則が守られることにより達せられる。

イ．真実性の原則における真実とは相対的なものであるから、一つの会計事象について、複数の財務諸表上の開示が考えられうる。

ウ．正規の簿記の原則における正規の簿記の要件を満たす記帳技術は複式簿記のみであり、単式簿記は正規の簿記とはいえず、企業会計上相応しい記帳技術ではない。

エ．利益剰余金を資本剰余金とすることは、処分可能な企業資金を維持拘束されるべき企業資金に振り替えることであるから、企業会計上は是認されるべきといえる。

　　1．アイ　　2．アウ　　3．アエ　　4．イウ　　5．イエ　　6．ウエ

9 一般原則(2)

一般原則に関する次のア～エまでの記述のうち、正しいものが二つある。その記号の組み合わせを一つ選びなさい。

ア．財務諸表の明瞭表示のためには、詳細性と概観性の双方を考慮してその作成を行う必要があるが、これらはいわばトレード・オフの関係にあり、これを調整するために項目の重要性を考慮したり、附属明細表を作成したりすることが考えられる。

イ．「企業会計は、財務諸表によって、利害関係者に対し必要な会計事実を明瞭に表示し、企業の状況に関する判断を誤らせないようにしなければならない」と規定されていることから、財務諸表は総額主義による記載が求められている。したがって、売掛金について、貸倒引当金を控除した残額のみを記載し、当該貸倒引当金を注記する方法は認められない。

ウ．現行制度会計では、一般に公正妥当と認められた会計処理の原則および手続の中から、企業の実状に応じて適切と判断されるものを自由に選択することが認められる。継続性の原則は、このような企業の行う経理の主体性に対する制約条件として機能する。

エ．会計上の数値は選択された会計方針に基づいた数値であり、会計で保証される真実は、継続性の原則に支えられた「相対的真実」である。したがって、「企業会計原則」は、すべての会計方針を注記しなければならないと定めている。

　1．アイ　　2．アウ　　3．アエ　　4．イウ　　5．イエ　　6．ウエ

10 一般原則(3)

一般原則に関する次のア～オまでの記述のうち、誤っているものはいくつあるか、一つ選びなさい。

ア．減価償却の方法に定率法を採用すること、繰延資産を発生時の費用として処理することは、いずれも保守主義の原則の適用例であるといえる。

イ．保守主義の原則は、適度な範囲において、利益を少なめに計上することを要請するものである。このことは、いわゆる逆粉飾も適度であれば認められるということである。

ウ．単一性の原則は、異なる目的で様々な形式による財務諸表が作成されることは認められるものの、それらの基となる会計帳簿は唯一でなければならないとする、形式多元・実質一元を要求する原則である。

エ．重要性の原則は、事務上の経済性を優先させた簡便な方法の採用を是認するものであるが、それが認められるのは、厳密な会計処理や表示の実行に伴うコストと、そのような厳密な財務諸表から得られるベネフィットを比較して、コストがベネフィットを上回り、かつ企業の状況に関する利害関係者の判断を誤らせない範囲に限定される。

オ．分割返済の定めのある長期の債権のうち、期限が1年以内に到来するもので重要性の乏しいものについて、固定資産として表示する場合は、簿外資産が生ずるが、それは、重要性の原則の適用として認められることになる。

1．1個　　2．2個　　3．3個　　4．4個　　5．5個

第 3 章
損益計算

11 収益と費用

収益と費用に関する次のア～エの記述のうち、正しいものが二つある。その記号の組合せの番号を一つ選びなさい。

ア．討議資料「財務会計の概念フレームワーク」は、利益を増加させる要素を収益と利得に分け、利益を減少させる要素を費用と損失に分ける考え方を採用している。

イ．費用は、資産の減少や負債の増加を伴って生じるが、過年度の包括利益をリサイクリングすることによっても生じうる。

ウ．財やサービスを継続的に提供する契約が存在する場合、相手方による契約の履行がなされない段階では、契約価額の一部を収益として計上してはならない。

エ．費用を支出時点との関連の観点から分類した場合、既支出費用、支出費用、未支出費用の３つに分類されるが、支出費用に分類される水道光熱費であっても、当期に行われた支出部分がそのまま期間費用として認識されない場合がある。

1．アイ　　2．アウ　　3．アエ　　4．イウ　　5．イエ　　6．ウエ

12 当期業績主義と包括主義

当期業績主義と包括主義に関する次のア～エまでの記述のうち、正しいものが二つある。その記号の組合せを一つ選びなさい。

ア．当期業績主義損益計算書において算定表示される最終利益は、財産法により算定される利益と等しい大きさとなる。

イ．現行の企業会計原則における損益計算書は基本的には包括主義損益計算書ではあるが、段階的に算定表示する利益の一つとして経常利益の算定表示を要求していることから、当期業績主義の利点をも有しているといえる。

ウ．企業会計における利益計算が、本質的には投下資本の期間計算的な回収余剰としての意味における分配可能利益の計算を前提とすることを鑑みた場合、その本質との首尾一貫性に視点をおけば、包括主義の損益計算書よりも当期業績主義の損益計算書の方が理論的である。

エ．包括主義損益計算書が支持される理由として、企業の成立から解散までの期間利益の合計と全体利益とが一致するとする、一致の原則があげられる。

　1．アイ　　2．アウ　　3．アエ　　4．イウ　　5．イエ　　6．ウエ

13 期間損益計算の基本原則

損益計算に関する次のア〜エまでの記述のうち、正しいものが二つある。その記号の組合せを一つ選びなさい。

ア．収益認識基準としての実現主義は、利益の処分可能性のみに重点をおいた考え方であり、利益のもつ業績指標性は基本的には考慮されていない基準であるといえる。

イ．発生主義とは、収益と費用を発生の事実に基づいて計上しようとするものであり、経過勘定項目はこの基準によって正当化されることになる。

ウ．収支額基準（取引価額主義、測定対価の原則）は、損益計算書に計上する収益及び費用を当期の収入額及び支出額に基づき測定しようとするものであり、収益及び費用の測定原則であるといえる。

エ．費用収益対応の原則は、一般に発生費用の中から期間費用を切り取るために作用する原則として機能するものといえる。

1．アイ　　2．アウ　　3．アエ　　4．イウ　　5．イエ　　6．ウエ

14 収益認識基準(1)

「収益認識に関する会計基準」に関する次のア〜エの記述のうち、正しいものが二つある。その記号の組み合わせを一つ選びなさい。

ア．収益を認識する場合、まず、所定の要件を満たす顧客との契約を識別する。ここで契約とは、法的な強制力のある権利および義務を生じさせる複数の当事者間における取決めをいう。なお、契約は、書面による場合だけでなく、口頭や取引慣行による場合も含む。

イ．複数の財またはサービスをセットで販売した場合には、識別した各履行義務に対して、それぞれの独立販売価格の比率で取引価格を配分する。ここで独立販売価格とは、財またはサービスを独立して企業が顧客に販売する場合の価格をいう。なお、独立販売価格を直接観察できない場合には、観察可能な入力数値を最大限利用して、独立販売価格を見積もる。

ウ．「収益認識に関する会計基準」では、一定の期間にわたり充足される履行義務については、履行義務の充足に係る進捗度を合理的に見積ることができる場合にのみ収益を認識することとされているため、履行義務の充足に係る進捗度を合理的に見積ることができない場合に、原価回収基準（履行義務を充足する際に発生する費用のうち、回収することが見込まれる費用の金額で収益を認識する方法）により収益を認識することは認められない。

エ．契約資産とは、企業が顧客に移転した財またはサービスと交換に受け取る対価に対する企業の権利であり、顧客との契約から生じた債権（対価に対する法的な請求権）を含む。

1．アイ　　2．アウ　　3．アエ　　4．イウ　　5．イエ　　6．ウエ

15 収益認識基準(2)

「収益認識に関する会計基準」に関する次のア～エの記述のうち、正しいものが二つある。その記号の組み合わせを一つ選びなさい。

ア．企業は約束した財またはサービス（資産）を顧客に移転することにより履行義務を充足した時にまたは充足するにつれて、収益を認識する。資産が移転するのは、顧客が当該資産に対する支配を獲得した時または獲得するにつれてである。

イ．顧客と約束した対価のうち変動する可能性のある部分を変動対価というが、当該変動対価の額の見積りにあたっては、発生し得ると考えられる対価の額における最も可能性の高い単一の金額による方法を用いて算定しなければならない。

ウ．顧客との契約に重要な金融要素が含まれる場合、取引価格の算定にあたっては、約束した対価の額に含まれる金利相当分の影響を調整する。すなわち、約束した財またはサービスに対して顧客が支払うと見込まれる現金販売価格を反映する金額で収益を認識する。

エ．企業が商品または製品を返品権付きで販売する場合、顧客から受け取ったまたは受け取る対価の額で収益を認識し、予想される返品部分に関しては、返品調整引当金を計上する。

　1．アイ　　2．アウ　　3．アエ　　4．イウ　　5．イエ　　6．ウエ

16 内部利益、役員賞与

収益と費用に関する次のア〜エの記述のうち、正しいものが二つある。その記号の組合せの番号を一つ選びなさい。

ア．売上高および売上原価の算定に当たって除去しなければならない内部利益には、企業内部における独立した会計単位相互間の内部取引から生じる未実現の利益の他に、会計単位内部における原材料、半製品等の振替から生じる振替損益も含まれる。

イ．内部利益の除去は、本支店等の合併損益計算書において売上高から内部売上高を控除し、仕入高（または売上原価）から内部仕入高（または内部売上原価）を控除するとともに、期末棚卸高から内部利益の額を控除する方法によるが、これらの控除に際しては、合理的な見積概算額によることもできる。

ウ．当社は、当期の業績に応じて役員賞与を支給する方針である。当該役員賞与の支給については、定時株主総会の議案にするという理由で、決算において役員賞与引当金を計上しなかったが、この取扱いは適切である。

エ．子会社が支給する役員賞与のように、株主総会の決議はなされていないが、実質的に確定債務と認められる場合には、未払役員報酬等の適当な科目をもって計上することができる。

1．アイ　　2．アウ　　3．アエ　　4．イウ　　5．イエ　　6．ウエ

第 4 章
貸借対照表総論

17 貸借対照表の本質と完全性の原則

貸借対照表に関する次のア〜オまでの記述のうち、正しいものはいくつあるか、一つ選びなさい。

ア．継続企業を前提とした場合の貸借対照表には、その作成目的あるいは作成時点により、開業貸借対照表、決算貸借対照表、清算貸借対照表などがあるが、我が国は資産の評価として取得原価主義を採用していることから、現行実務ではそれらの貸借対照表はすべて取得原価をベースとして作成されることになっている。

イ．貸借対照表の作成方法には、誘導法と棚卸法がある。誘導法では組織的な帳簿記録が必要とされるが、棚卸法では組織的な帳簿記録は必要とされない。

ウ．貸借対照表につき、これを継続企業を前提とした期間収支計算と期間損益計算とのズレとしての未解消項目を収容する場所とみた場合、現行実務上のすべての資産・負債のオンバランス化が可能となる。

エ．企業会計原則第三における貸借対照表完全性の原則には、網羅性の原則、すなわち存在するすべての資産・負債・資本はもれなく記載しなければならないということと、実在性の原則、すなわち存在しないものは記載してはならないということの二つの意味が込められている。なお、実在性の原則における例外として、重要性の原則の適用により生ずる簿外資産・負債は容認されている。

オ．貸借対照表と損益計算書との関係を考えたとき、貸借対照表を中心として両者の関係をとらえれば、損益計算書は期首と期末の貸借対照表に記載された自己資本の変化の主たる原因を表しており、損益計算書を中心として両者の関係をとらえれば、期末の貸借対照表は次期に繰り越されるストック項目を収容する連結帯であるとみることができる。

　1．1個　　2．2個　　3．3個　　4．4個　　5．5個

18 貸借対照表の表示原則

　貸借対照表の表示に関する次のア～エまでの記述のうち、正しいものが二つある。その記号の組み合わせを選びなさい。

ア．貸借対照表上、資産は、流動資産、固定資産および繰延資産に分類される。この分類は財務流動性の視点からの表示上の分類であり、損益計算とは関連がない。

イ．企業会計原則では、貸借対照表の項目の配列については、資産については換金性の高いものから順に配列し、負債については返済期限の早いものから順に配列する流動性配列法のみを認めており、固定性配列法は認めていない。

ウ．貸借対照表の科目の分類においては、1年基準と正常営業循環基準とがあるが、流動資産又は流動負債として記載される科目は、1年基準に照らして、貸借対照表日の翌日から起算して1年以内に回収期日又は支払期日が到来するものであり、かつ企業の正常な営業循環過程内において発生するものに限定される。

エ．負債性引当金は、その設定によって留保された資金が使用される期間の長短を基準として流動負債か固定負債に含められることになり、賞与引当金や工事補償引当金のように通常1年以内に使用される見込のものは流動負債に、退職給付引当金や特別修繕引当金のように通常1年を超えて使用される見込のものは固定負債に属することになる。

　1．アイ　　2．アウ　　3．アエ　　4．イウ　　5．イエ　　6．ウエ

19 資産の概念

資産の概念に関する次のア〜オまでの記述のうち、明らかに誤っているものはいくつあるか、一つ選びなさい。

ア．企業における資本循環の過程に視点をおくと、資産は貨幣性資産と費用性資産とに分類される。貨幣性資産とは、企業資本の循環過程において、すでに回収されたかあるいは現在回収過程又は投下待機過程にあるものであり、具体的には、現預金のほか、債権たる受取手形、売掛金、貸付金、前渡金、未収収益などからなる。費用性資産とは、企業資本の循環過程において、投下された状態にあるものであり、具体的には、商品、製品などの棚卸資産、建物、備品などの有形固定資産、特許権、営業権などの無形固定資産、繰延資産及び前払費用などからなる。

イ．資産を、「過去の取引又は事象の結果として、報告主体が支配している経済的資源」と定義した場合、自己創設のれんはこの定義に当てはまらないため、現行の制度会計上、その資産計上は認められていない。

ウ．資産の定義を充足した各種項目が、財務諸表上で認識対象となるためには、一定程度の発生の可能性が求められる。

エ．制度会計における資産を、過去の取引又は事象の結果として、報告主体が支配している経済的資源であり、かつ貨幣額で合理的に測定できるものと定義し

た場合、リース資産、債券先物取引から生じる正味の債権、人的資源など、従来資産計上することが困難であったものも貸借対照表に計上することが可能となる。

オ．資産を、過去の取引又は事象の結果として、報告主体が支配している経済的資源であり、かつ貨幣額で合理的に測定できるものと定義すれば、企業会計原則において、現在資産計上が認められているものにつき、そのすべてのオンバランスの説明が可能であるといえる。

　　1．1個　　2．2個　　3．3個　　4．4個　　5．5個

20 負債の概念

　負債の概念に関する次のア〜エまでの記述のうち、正しいものが二つある。その記号の組合せを一つ選びなさい。

ア．負債とは、「過去の取引又は事象の結果として、報告主体が支配している経済的資源を放棄もしくは引き渡す義務、またはその同等物」をいうが、ここでいう義務の同等物には、法律上の義務に準ずるものが含まれる。

イ．負債を、「過去の取引又は事象の結果として、報告主体が支配している経済的資源を放棄もしくは引き渡す義務、またはその同等物」と定義した場合、わが国の現行制度会計上、貸借対照表の負債に記載されている項目の中には、この定義に当てはまらないものが存在する。

ウ．負債を、「過去の取引又は事象の結果として、報告主体が支配している経済的資源を放棄もしくは引き渡す義務、またはその同等物」と定義した場合であっても、現物市場における金利・通貨等の原資産の価格や指標に基づいて原資産の交換などを将来時点において行うことを現時点で約束した契約対象は未履行契約であることから、貸借対照表上負債に計上する余地はない。

エ．会社法会計における負債概念と、金融商品取引法会計における負債概念とは異なることから、それぞれにおいて貸借対照表に計上される負債の範囲は異なる。

　　1．アイ　　　2．アウ　　　3．アエ　　　4．イウ　　　5．イエ　　　6．ウエ

21 資産・負債の評価⑴

資産の評価に関する次のア～オまでの記述のうち、誤っているものが二つある。その記号の組合せを一つ選びなさい。

ア．資産の評価基準としての取得原価基準は、収益の認識に関する実現主義と首尾一貫している。しかし、利益計算に際して計上される売上原価や減価償却費が取得原価に基づいて計上されるため、現在の物価を反映した売上収益に、過去の価格を基礎とする費用が対応づけられ、そこで算定される利益は当期の企業の操業利益だけでなく、売却した資産について取得時から売却時までの期間に生じた価格変化に起因する保有損益も混在することになる。

イ．取得原価基準に基づく現行制度会計のもとでは、費用性資産の取得原価はすべて取得に要した対価により決定されることになる。

ウ．未償却原価とは、実際に投下した資金の額のうち、いまだ収益に賦課されていない額をいう。未償却原価によって資産が測定される場合、投下資金の一部が、投資成果を得るための犠牲を表す費用として、計画的・規則的に配分される。

エ．正味実現可能価額とは、購買市場と売却市場とが区別される場合において、売却市場で成立している価格から見積販売経費および正常利益を差し引いたものをいう。

オ．市場価格を推定するための割引価値とは、市場で平均的に予想されているキャッシュフローと市場の平均的な割引率を測定時点で見積り、前者を後者で割り引いた測定値をいう。

　　1．アウ　　2．アオ　　3．イエ　　4．イオ　　5．ウエ

22 資産・負債の評価(2)

　討議資料「財務会計の概念フレームワーク」における資産と負債の測定に関する次のア～オの記述のうち、正しいものが二つある。その記号の組合せの番号を一つ選びなさい。

ア．財務諸表における測定とは、財務諸表に計上される諸項目に貨幣額を割り当てることをいう。その構成要素のうち資産の測定には、取得原価、再調達原価、正味実現可能価額、利用価値、現金受入額等を用いることができる。

イ．被投資企業の純資産額に基づく額は、現行制度上、実質価額が著しく低下した市場価格のない株式や持分法が適用された被投資会社株式の測定に際して用いられている。

ウ．測定時点で見積った将来のキャッシュ・アウトフローを、その時点における報告主体の信用リスクを加味した最新の割引率で割り引いた測定値は、現行制度上、資産除去債務の測定に際して用いられている。

エ．負債の測定値のうち、将来キャッシュフローを継続的に見積り直すとともに割引率も改訂する場合の割引価値として、リスクフリー・レートによる割引価値がある。

オ．自社が発行した社債を将来の償還額ではなく、決算日の市場価格によって貸借対照表に計上し、その変動額を各期の損益として認識する方法が考えられる。この考え方によると、自社の倒産可能性が高まることで社債の市場価格が前期末よりも下落した場合、簿価と時価の差額が評価損として計上され、純利益が減少（純損失が増加）することになる。

　　1．アイ　　　2．アオ　　　3．イエ　　　4．ウエ　　　5．ウオ

第6章
棚卸資産

23 棚卸資産の範囲

棚卸資産に関する次のア～エの記述のうち、正しいものが二つある。その記号の組み合わせを一つ選びなさい。

ア．物理的な形態を有しない無形固定資産が、固定資産を構成するのと同様に、棚卸資産も、有形の財貨に限られるものではなく、無形の用役のみからなるものも棚卸資産を構成する。

イ．法律上の不動産は、棚卸資産を構成することはなく、すべて固定資産を構成するが、固定資産のすべてが法律上の不動産に該当するとは限らない。

ウ．現行の会計基準によれば、間接費として製品に化体する工場の事務用消耗品や製品の一部を構成する包装用品は棚卸資産に含められるが、販売対象たる製品に化体しない事務用消耗品や荷造用品は棚卸資産には含められない。

エ．固定資産が本来の用途からはずされ、売却される目的で保有されることになった場合、当該資産は、流動資産であるが棚卸資産ではない。

　1．アイ　　2．アウ　　3．アエ　　4．イウ　　5．イエ　　6．ウエ

24 棚卸資産の取得原価の決定

棚卸資産の取得原価に関する次のア～エの記述のうち、正しいものが二つある。その記号の組み合わせを一つ選びなさい。

ア．棚卸資産を購入によって取得した場合には、購入代価に引取費用等の付随費用の一部又は全部を加算した価額をもって取得原価としなければならない。また、仕入値引や仕入割戻があった場合には、これを送状価額から控除しなければならない。

イ．購入代価に加算する付随費用の範囲は、金額的な重要性等を考慮して決定されるが、その範囲によって、各期を通算した企業の利益額が相違することはない。

ウ．仕入代金の早期支払に伴う支払免除額である仕入割引については、金利の性質を有するため、購入代価から控除せずに営業外収益として取扱われるが、重要性が乏しい場合には、これを購入代価から控除することができる。

エ．仕入という営業活動と代金支払いという財務活動は区別しなければならないという観点からは、仕入割引は仕入原価の控除項目として処理される。

　1．アイ　　2．アウ　　3．アエ　　4．イウ　　5．イエ　　6．ウエ

25 棚卸資産の払出単価の計算

棚卸資産の払出単価の計算方法に関する次のア～エの記述のうち、正しいものが二つある。その記号の組み合わせを一つ選びなさい。

ア．個別法は、棚卸資産の取得原価を異にするに従い区別して記録し、その個々の実際原価によって払出単価を算定する方法であるから、棚卸資産の物の流れと金額計算が、理論的には完全に一致する方法である。

イ．個別法は、棚卸資産の具体的な個々の払出事実に即して費消額の計算を行う方法であり、恣意的な利益操作を排除できる優れた方法ではあるが、大量の棚卸資産を扱っている企業においては、事務手続上の煩雑性から、これを適用することは困難であり、その適用には限界がある。

ウ．売価還元法を採用している企業は、期末における正味売却価額が売価還元法により求めた帳簿価額よりも下落している場合であっても、当該帳簿価額をもって貸借対照表価額とすればよい。

エ．最終取得原価法は、期末棚卸数量が最終受入数量以下である場合には、その計算結果は先入先出法による計算結果と一致することになる。

1．アイ　　2．アウ　　3．アエ　　4．イウ　　5．イエ　　6．ウエ

26 棚卸資産の評価(1)

　棚卸資産の評価に関する次のア～エの記述のうち、正しいものが二つある。その記号の組合せの番号を一つ選びなさい。

ア．取得原価基準の本質を名目上の取得原価で据え置く考え方とみる場合、低価法は原価法に対する例外的な方法と位置付けられる。

イ．棚卸資産に関する低価法の根拠を取得原価主義の適用であるとし、取得原価を回収可能原価と考えるとき、低価法のみの取扱いとするよりも、原価法と低価法の選択適用とする取扱いとする方がより適切である。

ウ．収益性が低下した場合における棚卸資産の簿価切下げは、時価基準の下で回収可能性を反映させるように、過大な帳簿価額を減額し、将来に損失を繰り延べないために行われる会計処理である。

エ．前期に計上した簿価切下額の戻入れに関しては、当期に戻入れを行う方法（洗替え法）と行わない方法（切放し法）のいずれかの方法を棚卸資産の種類ごとに選択適用できる。また、売価の下落要因を区分把握できる場合には、物理的劣化や経済的劣化、もしくは市場の需給変化の要因ごとに選択適用できる。この場合、いったん採用した方法は、原則として、継続して適用しなければならない。

　1．アイ　　2．アウ　　3．アエ　　4．イウ　　5．イエ　　6．ウエ

27 棚卸資産の評価(2)

棚卸資産に関する次のア～エの記述のうち、正しいものが二つある。その記号の組合せの番号を一つ選びなさい。

ア．製造業における原材料等のように再調達原価の方が把握しやすく、正味売却価額が当該再調達原価に歩調を合わせて動くと想定される場合には、正味売却価額の代理数値として、再調達原価を用いることができる。

イ．販売活動および一般管理活動目的で保有する棚卸資産に関しては、販売により投資が回収されるものではないため、当該棚卸資産の価格が、その帳簿価額を下回っていたとしても、簿価の切下げを行う必要はない。

ウ．収益性の低下の有無に係る判断および簿価切下げは、個別品目ごとに行う。したがって、同じ製品に使われる材料、仕掛品および製品を一括りとした単位で行うことはできない。

エ．トレーディング目的で保有する棚卸資産については、時価をもって貸借対照表価額とし、帳簿価額との差額は、当期の損益として処理する。

1．アイ　　2．アウ　　3．アエ　　4．イウ　　5．イエ　　6．ウエ

第 **7** 章
固定資産

28 有形固定資産の定義・分類

有形固定資産に関する次のア〜オの記述のうち、正しいものを一つ選びなさい。

ア．残存耐用年数が1年以下となった資産は、有形固定資産に属するものではなく、流動資産に属するものである。

イ．建設仮勘定は、建設中の資産の引渡しを受け本来の資産勘定へ振替えられるまでは、一種の仮勘定であるから、投資その他の資産に属するものである。

ウ．償却資産のうち、稼働中のものは、すべて有形固定資産に属するものである。

エ．未稼働や休止中の償却資産は、有形固定資産に属するものではなく、投資その他の資産に属するものである。

オ．減耗性資産は、減価償却の適用対象となる資産ではないが、有形固定資産に属するものである。

　1．ア　　2．イ　　3．ウ　　4．エ　　5．オ

29 有形固定資産の取得原価の決定

有形固定資産の取得原価に関する次のア～オの記述のうち、連続意見書第三に照らして、明らかに誤っているものはいくつあるか、一つ選びなさい。

ア．有形固定資産を購入により取得した場合は、購入代金に付随費用を加算した価額をもって取得原価とするが、付随費用については、重要性が乏しい等の正当な理由がある場合は、その一部のみならず、全部を加算しないことができる。

イ．有形固定資産は使用目的の資産であるから、当該資産を使用可能な状態にするまでに要した据付や試運転のための支出も取得原価を構成することになる。

ウ．有形固定資産を自家建設した場合は、原則として、適正な原価計算基準に従って算定された製造原価をもって取得原価としなければならない。

エ．有形固定資産を有形固定資産との交換により取得した場合は、交換に供された自己資産の時価をもって取得原価としなければならない。

オ．有形固定資産を無償で取得した場合には、その取得に際して要した付随費用をもって取得原価とする。

　　1．1個　　2．2個　　3．3個　　4．4個　　5．5個

30 減価償却費の計算要素、評価減

　減価償却に関する次のア～オの記述のうち、正しいものはいくつあるか、一つ選びなさい。

ア．減価償却の計算要素には、償却基礎価額、残存価額及び償却基準がある。このうち、後者の二つは将来事象についての見積であり、各企業の実情に応じた合理的判断によって主体的に決定すべきものである。

イ．減価償却計算における３要素は、取得原価、残存価額および耐用年数である。したがって、どのような減価償却方法によってもこの３要素が揃っていれば、その計算は可能である。

ウ．償却資産の予測利用期間である耐用年数の決定にあたっては、物質的減価と機能的減価を考慮しなければならない。

エ．有形固定資産に関する減価償却期間（耐用年数）について、生産性向上のための合理化や改善策が策定された結果、従来の減価償却期間と使用可能予測期間との乖離が明らかになったことに伴い、新たな耐用年数を採用した場合（会計上の見積りの変更）、過去の財務諸表に遡って当該新たな耐用年数に基づき処理する。

オ．固定資産の実体の滅失ないし損傷という事実に対応して行われる手続は、減価償却とは区別され、これにより計上される損失は、臨時的な損失として特別損失に計上される。

　　1．1個　　2．2個　　3．3個　　4．4個　　5．5個

31 正規の減価償却、減価償却の効果

減価償却に関する次のア〜エの記述のうち、正しいものが二つある。その記号の組み合せを一つ選びなさい。

ア．減価償却は、所定の減価償却方法に従い計画的、規則的に実施しなければならない。このような減価償却は特に正規の減価償却とよばれる。

イ．減価償却は、自己金融効果を有する。自己金融効果は減価償却の重要な目的の一つである。

ウ．自己金融効果とは、減価償却費自体が支出を伴わない費用であるため、取得原価として投下されていた資金が、貨幣資産として回収されることによって、減価償却累計額に相当する額の貨幣資産が企業内に保有されている事実ないし財務的な効果をいう。

エ．有形固定資産に投下された固定資本は、減価償却により部分的に回収され、企業利益を通して流動化される。これを固定資本の流動化という。

1．アイ　　2．アウ　　3．アエ　　4．イウ　　5．イエ　　6．ウエ

32 減価償却費の計算方法

　減価償却費の計算方法に関する次のア～オの記述のうち、誤っているものを一つ選びなさい。

ア．定額法は、毎期均等額の減価償却費を計上する方法であり、未償却残高が直線的に減少する直線法である。定額法の減価償却費は、要償却額に一定率を乗じることで求められる。

イ．級数法は、耐用年数に基づいて計算した算術級数を利用した方法であり、定率法と同様に未償却残高が逓減的に減少する逓減法であるが、計算手続は定率法に比して簡便である。

ウ．生産高比例法は、資産の利用度に比例して減価償却費を計上する方法であり、適用可能な資産の範囲は非常に狭く限定される。

エ．定率法は、耐用年数などの見積の誤りによって償却率の計算を誤ったとしても年数の経過とともに正当な減価償却費の近似値に自動的に修正していく能力をもっている。

オ．企業会計原則注解20は、減価償却の方法として、定額法、定率法、級数法、生産高比例法を列挙している。このうち、耐用年数の初期に、最も多額の減価償却費を配分し、償却性資産に投下された資本を早期に回収する効果をもっているのは定率法である。

　1．ア　　2．イ　　3．ウ　　4．エ　　5．オ

有形固定資産に関する次のア〜エの記述のうち、正しいものが二つある。その記号の組み合わせを一つ選びなさい。

ア．同種の物品が多数集まって一つの全体を構成し、老朽品の部分的取替を繰り返すことにより全体が維持されるような取替資産については、取替法を適用しなければならない。

イ．老朽品の部分的取替について、廃棄法は旧資産原価を費用処理する方法であり、取替法は新資産原価を費用処理する方法であるから、前者は棚卸資産の払出単価の計算方法である先入先出法に類似する方法であり、後者は後入先出法に類似する方法である。

ウ．取替法は、取替資産の部分的取替に要する費用支出を収益的支出として処理する減価償却方法であるのに対して、減耗性資産の原価配分方法である減耗償却は、減価償却とは異なる別個のものであるが、その手続は生産高比例法と同じである。

エ．減耗性資産は、採取されるに応じてその実体が部分的に製品化されるものであるから、減耗償却費という科目で損益計算書に表示されることはない。

1．アイ　　2．アウ　　3．アエ　　4．イウ　　5．イエ　　6．ウエ

34 無形固定資産

無形固定資産に関する次のア〜オの記述のうち、誤っているものを一つ選びなさい。

ア．無形固定資産は、物理的な形態をもたないが、長期にわたって利用される資産項目であり、法律上の権利を表す資産、経済上の優位性を表す資産及びソフトウェアに分類される。特許権や著作権は法律上の権利を表す資産に含まれ、のれんは経済上の優位性を表す資産に含まれる。

イ．無形固定資産は、通常、取替更新を必要とせず、その科目と金額の重要性が低いなどの理由から、貸借対照表において、取得原価から減価償却累計額を控除した残額のみが表示される。

ウ．法律上の権利については、鉱業権を除き、法定有効期限にわたって償却されなければならないから、その償却期間を自主的に決定することができない。

エ．のれんの償却に関しては、償却不要説と償却必要説とがあるが、現行の制度会計上は後者の見解に基づき、貸借対照表に計上したのれんについて、規則的に償却をすることを求めている。

オ．地上権は無形固定資産に属するが、利用又は時の経過によってその価値が減少するものではないから、償却は行われない。

1．ア　　2．イ　　3．ウ　　4．エ　　5．オ

35 賃貸等不動産

賃貸等不動産に関する次のア～エの記述のうち、正しいものが二つある。その記号の組合せの番号を一つ選びなさい。

ア．オペレーティング・リース取引の借手における不動産は賃貸等不動産に含まれる。

イ．賃貸等不動産の範囲には、貸借対照表において投資不動産として区分されている不動産に加えて、それ以外で賃貸されている不動産も含まれる。

ウ．販売用不動産は賃貸等不動産に含まれる。

エ．賃貸等不動産については、概要、貸借対照表計上額および期中における主な変動、当期末における時価およびその算定方法、損益を注記することが要求されている。

1．アイ　　2．アウ　　3．アエ　　4．イウ　　5．イエ　　6．ウエ

36 固定資産の減損会計(1)

　固定資産の減損会計に関する次のア～エの記述のうち、正しいものが二つある。その記号の組合せの番号を一つ選びなさい。

ア．固定資産の減損処理は、金融商品に適用されている時価評価とは異なり、資産の価値を貸借対照表に表示するものではなく、取得原価基準の下で行われる帳簿価額の臨時的な減額である。

イ．収益性の低下による減損損失の正しい認識のためには、固定資産の期末における帳簿価額を将来の回収可能性に照らして見直すべきであり、過年度の回収額については考慮すべきでない。

ウ．資産または資産グループが使用されている事業に関連して、経営環境が著しく悪化したか、あるいは、悪化する見込みである場合は、減損の兆候に該当する。

エ．回収可能価額とは、資産又は資産グループの正味売却価額と使用価値のいずれか低い方の金額をいう。

　　1．アイ　　2．アウ　　3．アエ　　4．イウ　　5．イエ　　6．ウエ

37 固定資産の減損会計(2)

固定資産の減損会計に関する次のア～エの記述のうち、正しいものが二つある。その記号の組合せの番号を一つ選びなさい。

ア．共用資産を含む資産グループに減損損失が配分される場合において、共用資産の正味売却価額が明らかであれば、共用資産は正味売却価額をもって評価しなければならない。

イ．減損損失を認識するかどうかを判定するために割引前将来キャッシュ・フローを見積る期間は、資産の経済的残存使用年数または資産グループ中の主要な資産の経済的残存使用年数と20年のいずれか短い方とされる。

ウ．固定資産の減損は測定が主観的にならざるを得ないため、減損損失を計上した後の会計期間において収益性が回復した場合には、減損損失の戻入れを行わなくてはならない。

エ．減損損失を認識すべきであると判定された資産または資産グループについては、帳簿価額を回収可能価額まで減額し、当該減少額を減損損失として処理する。この場合、減損損失は臨時的な損失であるため、原則として、特別損失とする。

1．アイ　　2．アウ　　3．アエ　　4．イウ　　5．イエ　　6．ウエ

第 8 章
繰延資産

38 繰延資産の概念

　繰延資産に関する次のア～エまでの記述のうち、誤っているものが二つある。その記号の組み合わせを一つ選びなさい。

ア．繰延資産は、換金性は全くないものの、収益との適正な対応を目指す観点から、その資産性を認めることができる。したがって、これを会計的資産や擬制資産とよぶことがある。

イ．繰延資産は、すでに役務提供が行われた費用である点、支出又は支払義務が確定している点、収益との適正な対応を目指して費用配分がなされる点において前払費用と同質の性格を有するものである。

ウ．棚卸資産や減価償却資産などの実物財は、財の物理的費消＝価値費消＝費用化という関係が成り立つが、繰延資産は、取得の対象である用役はすでにその支払の時点で費消済となっており、他の資産にみられるような保有という概念が当てはまらない。

エ．企業会計原則は、一定の要件を満たした臨時巨額の損失について、費用収益対応の原則に基づき、経過的に貸借対照表の資産の部に記載して、繰延経理することを認めている。

　1．アイ　　2．アウ　　3．アエ　　4．イウ　　5．イエ　　6．ウエ

39 繰延資産の内容

繰延資産に関する次のア〜エの記述のうち、正しいものが二つある。その記号の組合せの番号を一つ選びなさい。

ア．開業費を繰延資産に計上する場合には、営業の全部又は一部を開業したときから5年以内のその効果の及ぶ期間にわたって定額法により償却しなければならない。

イ．支出の効果が期待されなくなった繰延資産は、その未償却残高を一時に償却しなければならない。

ウ．株式の分割に係る費用は、繰延資産として計上できず、支出時に営業外費用として処理しなければならない。

エ．転換社債型新株予約権付社債の発行に係る費用を繰延資産に計上する場合、当該発行費用の全額を社債発行費として処理しなければならない。

1．アイ　　2．アウ　　3．アエ　　4．イウ　　5．イエ　　6．ウエ

第9章 負債会計

40 引 当 金(1)

　会計上の引当金に関する次のア～エまでの記述のうち、正しいものの組み合わせを一つ選びなさい。

ア．引当金は、当期においては何ら経済価値費消事実の発生がないにもかかわらず、その発生原因の期間帰属に照らして当期に損益計上するものである。

イ．引当金は、確定した支出額もしくは資産減少額を費用配分の原則により当期の費用額と次期以降の費用額とに峻別するものである。

ウ．引当金設定のための必要条件は、将来の特定の費用又は損失であること、その費用又は損失の発生が当期以前の事象に起因していること、その費用又は損失の発生の可能性が高いこと、及びその費用又は損失の金額を合理的に見積ることができることである。

エ．引当金の計上は、典型的な見積による会計処理であることから、その計上に当たっては、法令や契約の存在が不可避である。

　　1．アイ　　2．アウ　　3．アエ　　4．イウ　　5．イエ　　6．ウエ

41 引 当 金(2)

引当金に関する次のア～エの記述のうち、正しいものが二つある。その記号の組み合わせを一つ選びなさい。

ア．企業が過去の事象の結果として現在の義務を有していることという負債の認識要件に照らした場合、修繕引当金は負債に該当する。

イ．企業が過去の事象の結果として現在の義務を有していることという負債の認識要件に照らした場合、有給休暇引当金は負債に該当しない。

ウ．企業会計原則注解〔注18〕に従えば、債務保証損失引当金は、保証先の財政状態が著しく悪化したことで損失を被る可能性が高まった場合に、求償権の貸倒れによる損失を見積って設定される。

エ．債務保証損失引当金の繰入額は、原則として特別損失（または営業外費用）に計上する。また、貸借対照表上は、ワンイヤールールに従い、流動負債または固定負債に計上する。

1．アイ　　2．アウ　　3．アエ　　4．イウ　　5．イエ　　6．ウエ

42 資産除去債務(1)

　資産除去債務に関する次のア～エの記述のうち、正しいものが二つある。その記号の組合せの番号を一つ選びなさい。

ア．「資産除去債務に関する会計基準」でいう有形固定資産には、財務諸表等規則において有形固定資産に区分される資産のほか、それに準じる有形の資産も含む。したがって、建設仮勘定やリース資産のほか、財務諸表等規則において「投資その他の資産」に分類されている投資不動産などについても、資産除去債務が存在している場合には、「資産除去債務に関する会計基準」の対象となる。

イ．資産除去債務の対象となる法律上の義務およびそれに準ずるものには、有形固定資産を除去する義務は含まれるが、当該有形固定資産に使用されている有害物質等を法律等の要求による特別の方法で除去するという義務は含まれない。

ウ．有形固定資産を除去する義務が、不適切な操業等の異常な原因によって発生することがある。このような場合には、資産除去債務として使用期間にわたって費用配分すべきではなく、引当金の計上や減損会計の対象とすべきである。

エ．有形固定資産の除去とは、有形固定資産を用役提供から除外することをいう。除去の具体的な態様としては、売却、廃棄、転用や用途変更、リサイクルその他の方法による処分等が含まれる。

　　1．アイ　　2．アウ　　3．アエ　　4．イウ　　5．イエ　　6．ウエ

43 資産除去債務⑵

　資産除去債務に関する次のア～エの記述のうち、正しいものが二つある。その記号の組合せの番号を一つ選びなさい。

ア．資産除去債務の算定における割引前の将来キャッシュ・フローは、市場の評価を反映した金額によることを原則とするが、市場価格を観察することができない場合には、自己の支出見積額によることができる。

イ．割引前の将来キャッシュ・フローに重要な見積りの変更が生じた場合、その調整額に適用する割引率は、当該キャッシュ・フローが増加する場合、その時点の割引率を適用するが、当該キャッシュ・フローが減少する場合には、負債計上時の割引率を適用する。

ウ．資産除去債務が有形固定資産の稼動等に従って、使用の都度発生する場合には、資産除去債務に対応する除去費用をいったん資産に計上し、当該計上時期と同一の期間に、資産計上額と同一の金額を費用処理しなければならない。

エ．資産計上された資産除去債務に対応する除去費用に係る費用配分額は、損益計算書上、当該資産除去債務に関連する有形固定資産の減価償却費と同じ区分に含めて計上する。

　1．アイ　　2．アウ　　3．アエ　　4．イウ　　5．イエ　　6．ウエ

第10章
資本会計

44 資本の概念

　純資産に関する次のア〜エの記述のうち、正しいものが二つある。その記号の組合せの番号を一つ選びなさい。

ア．企業会計基準によれば、評価・換算差額等は、払込資本ではなく、かつ、未だ当期純利益に含められていないことから、株主資本とは区別されている。

イ．企業会計基準によれば、新株予約権は、報告主体の所有者である株主とは異なる新株予約権者との直接的な取引によるものであるから、株主資本とは区別されている。

ウ．現行の制度会計上、その他有価証券評価差額金のような純資産直入項目が存在するため、損益計算書における当期純利益の額（親会社株主に帰属する部分）と貸借対照表における株主資本の資本取引を除く当期変動額は一致しない。

エ．現行の制度会計上、資産性または負債性をもつものを貸借対照表の資産の部または負債の部に記載し、それらに該当しないものは資産と負債との差額として純資産の部に記載するため、仮受金や未決算勘定は純資産の部に表示する。

　1．アイ　　2．アウ　　3．アエ　　4．イウ　　5．イエ　　6．ウエ

45 純資産の部の分類

「貸借対照表の純資産の部の表示に関する会計基準」に関する次のア～エの記述のうち、正しいものが二つある。その記号の組合せの番号を一つ選びなさい。

ア．個別貸借対照表は、資産の部、負債の部、純資産の部に区分し、連結貸借対照表は、資産の部、負債の部、非支配株主持分、純資産の部に区分する。

イ．純資産の部は、株主資本と株主資本以外の各項目に区分し、株主資本は、資本金、資本剰余金および利益剰余金に区分する。

ウ．個別貸借対照表上、資本剰余金は、資本準備金とその他資本剰余金に区分し、その他資本剰余金は、資本金および資本準備金減少差益、自己株式処分差益等その内容を示す科目に区分して表示する。

エ．繰越利益剰余金の金額が負となる場合には、繰越利益剰余金のマイナス残高として表示する。

1．アイ　　2．アウ　　3．アエ　　4．イウ　　5．イエ　　6．ウエ

46 自己株式及び準備金の額の減少等(1)

「自己株式及び準備金の額の減少等に関する会計基準」に関する次のア〜オまでの記述のうち、誤っているものが二つある。その記号の組み合わせを一つ選びなさい。

ア．自己株式の取得の対価として自社の他の種類の株式を交付した場合の自己株式の取得原価については、①対価として交付した自社の株式の帳簿価額を基礎として算定する方法と、②対価として交付した自社の株式の時価を基礎として算定する方法が考えられるが、現行制度会計上、①の方法が採用されている。

イ．自己株式の処分時の帳簿価額は、取得目的ごとに会社の定めた計算方法に従って算定する。

ウ．自己株式を無償取得した場合、取得原価はゼロということになり、株主資本から控除すべき金額も発生しないため、自己株式の数のみの増加として処理される。

エ．資本準備金の減少によって生ずる剰余金及び自己株式処分差益はいずれも資本剰余金の区分の内部に設けられた資本準備金又はその他資本剰余金に計上される。

オ．利益準備金の額の減少によって生ずる剰余金は、減少の法的効力が発生したときに、その他利益剰余金に計上する。

 1．アイ 2．アウ 3．イエ 4．ウオ 5．エオ

47 自己株式及び準備金の額の減少等(2)

「自己株式及び準備金の額の減少等に関する会計基準」に関する次のア～オまでの記述のうち、誤っているものが二つある。その記号の組み合わせを一つ選びなさい。

ア．自己株式の会計的性格に関しては、これを資産とみるものと資本の控除とみるものとがある。会社法は前者の立場により、企業会計基準は後者の立場によっている。

イ．連結子会社が保有する親会社株式は、連結貸借対照表上、親会社が保有している自己株式と合わせ、純資産の部の株主資本に対する控除項目として表示する。

ウ．自己株式処分差損はその他資本剰余金から減額するが、その他資本剰余金の残高が負の値となった場合には、会計期間末において、その他資本剰余金をゼロとし、当該負の値をその他利益剰余金から控除する。

エ．自己株式の処分及び消却時の付随費用は、損益計算書に計上する考えと、自己株式処分差額等の調整とする考えがあるが、「自己株式及び準備金の額の減少等に関する会計基準」においては、後者の方法を採用することとしている。

オ．「自己株式及び準備金の額の減少等に関する会計基準」によれば、自己株式の保有は処分又は消却までの暫定的な状態であると考え、自己株式を資本の控除とする会計処理として、取得原価で一括して純資産の部の株主資本の控除項目とする方法が採用されている。

1．アウ　　2．アエ　　3．イエ　　4．イオ　　5．ウオ

48 ストック・オプション(1)

「ストック・オプション等に関する会計基準」に関する次のア～エの記述のうち、正しいものが二つある。その記号の組合せの番号を一つ選びなさい。

ア．「ストック・オプション等に関する会計基準」が適用される取引には、企業がその従業員等に対しストック・オプションを付与する取引の他、従業員持株制度において自社の株式購入に関し、奨励金を支出する取引が含まれる。

イ．ストック・オプションを付与し、これに応じて企業が従業員等から取得するサービスは、その取得に応じて費用として計上し、対応する金額を、ストック・オプションの権利の行使または失効が確定するまでの間、貸借対照表の純資産の部に新株予約権として計上する。

ウ．ストック・オプション数の算定には、権利不確定による失効数を反映させる必要がある。

エ．ストック・オプションが権利行使され、これに対して企業が自己株式を処分した場合には、自己株式の取得原価と、新株予約権の帳簿価額および権利行使に伴う払込金額の合計額との差額を当期の損益に計上する。

　1．アイ　　　2．アウ　　　3．アエ　　　4．イウ　　　5．イエ　　　6．ウエ

49 ストック・オプション(2)

ストック・オプション会計に関する次のア〜エの記述のうち、誤っているものが二つある。その記号の組合せの番号を一つ選びなさい。

ア．ストック・オプションの権利不確定による失効は、ストック・オプションの公正な評価単価に反映する形で考慮される。

イ．未公開企業については、ストック・オプションの公正な評価単価に代え、ストック・オプションの単位当たりの本源的価値の見積りに基づいて会計処理を行うことができる。

ウ．ストック・オプションの公正な評価単価を変動させる条件変更があり、条件変更直後におけるストック・オプションの公正な評価単価が付与日における公正な評価単価を下回る場合には、条件変更がない場合と同様の処理となる。

エ．ストック・オプションにつき、対象勤務期間の短縮に結びつく勤務条件の変更により費用の合理的な計上期間を変動させた場合には、過年度の費用計上の不足額に相当する金額を、一時の費用または損失として計上しなければならない。

　1．アイ　　　2．アウ　　　3．アエ　　　4．イウ　　　5．イエ　　　6．ウエ

50 株主資本等変動計算書

「株主資本等変動計算書に関する会計基準」に関する次のア～オの記述のうち、誤っているものが二つある。その記号の組合せの番号を一つ選びなさい。

ア．株主資本等変動計算書に記載すべき項目の範囲については、①純資産の部のすべての項目とする考え方と、②純資産の部のうち株主資本の項目のみとする考え方があるが、わが国では後者の考え方が採用されている。

イ．連結損益計算書の親会社株主に帰属する当期純利益（または親会社株主に帰属する当期純損失）は、連結株主資本等変動計算書において利益剰余金の変動事由として表示し、個別損益計算書の当期純利益（または当期純損失）は、個別株主資本等変動計算書においてその他利益剰余金またはその内訳科目である繰越利益剰余金の変動事由として表示する。

ウ．株主資本等変動計算書の表示区分は、「貸借対照表の純資産の部の表示に関する会計基準」に定める貸借対照表の純資産の部の表示区分に従う。

エ．株主資本等変動計算書に記載する各項目は、当期首残高、当期変動額および当期末残高に区分し、当期変動額は変動事由ごとにその金額を表示しなければならない。

オ．連結株主資本等変動計算書には、①発行済株式の種類および総数に関する事項、②自己株式の種類および株式数に関する事項、③新株予約権および自己新株予約権に関する事項、④配当に関する事項を注記する。

1．アウ　　2．アエ　　3．イエ　　4．イオ　　5．ウオ

51 受贈資本及び評価替資本

　受贈資本及び評価替資本に関する次のア〜オまでの記述のうち、誤っているものを一つ選びなさい。

ア．国や地方自治体からの補助金のうち、固定資産の購入・製作に充当する等、資本助成の目的で交付を受けた国庫補助金や、企業に資本の欠損が生じている場合に、企業を存続させるために欠損填補の目的で債権者が債権放棄をした債務免除益は、受贈資本あるいは贈与剰余金ともいわれ、これを企業主体理論もしくは企業体理論からみた場合には、維持拘束すべき資本と考えることができる。

イ．保険差益は、その発生原因に関わりなく資本剰余金としての性格を有する。

ウ．電力・ガス事業等を営む公益企業が、設備の建設に要する工事費を消費者に負担してもらう形で受入れた金銭や資材を工事負担金といい、これらについて、会社法や法人税法は資本と認めず、利益としている。

エ．国や地方自治体からの補助金のうち、固定資産の購入・製作に充当する等、資本助成の目的で交付を受けた国庫補助金は、それを受贈した企業がその解散時には国等への返還を要せず、最終的には株主に分配されることから、利益剰余金と考えることができる。

オ．更生会社の財政立直しの一環として、会社が保有する資産について時価による評価替を行った場合の評価増部分を固定資産評価差益という。取得原価基準を立脚基盤とする会計においては、そこで採用する資本概念は名目貨幣資本概念であることから、その立場による限り固定資産評価差益は利益であると考えることができる。

　1．ア　　2．イ　　3．ウ　　4．エ　　5．オ

第11章 一株当たり当期純利益

52 一株当たり当期純利益

「一株当たり当期純利益に関する会計基準」に関する次のア〜エまでの記述のうち、誤っているものが二つある。その記号の組み合わせを一つ選びなさい。

ア．一株当たり当期純利益は、普通株式に係る当期純利益を普通株式の期中平均株式数で除して算定するが、損益計算書上、当期純損失の場合には、一株当たり当期純損失を算定する必要はない。

イ．一株当たり当期純利益の算定の目的は、普通株主に関する企業の成果を示すことにあるため、普通株主に帰属しない優先配当は、一株当たり当期純利益の算定上、損益計算書上の当期純利益から控除する。

ウ．潜在株式（ワラントや転換証券）が存在する場合には、必ず潜在株式に係る権利の行使を仮定することにより算定した潜在株式調整後一株当たり当期純利益を算定し、開示しなければならない。

エ．潜在株式調整後一株当たり当期純利益は、普通株式に係る当期純利益に希薄化効果を有する各々の潜在株式に係る当期純利益調整額を加えた合計金額を、普通株式の期中平均株式数に希薄化効果を有する各々の潜在株式に係る権利の行使を仮定することによる普通株式の増加数を加えた合計株式数で除して算定する。

1．アイ　　2．アウ　　3．アエ　　4．イウ　　5．イエ　　6．ウエ

第12章

会計上の変更及び
誤謬の訂正

53 会計上の変更及び誤謬の訂正(1)

　「会計方針の開示、会計上の変更及び誤謬の訂正に関する会計基準」に関する次のア～オの記述のうち、誤っているものが一つある。その記号の番号を一つ選びなさい。

ア．会計方針とは、財務諸表作成にあたって採用した会計処理の原則および手続である。会計上の変更には、会計方針の変更の他、表示方法の変更および会計上の見積りの変更が含まれるが、過去の財務諸表における誤謬の訂正は含まれない。

イ．キャッシュ・フロー計算書における資金の範囲の変更は、各企業の資金管理活動により異なり、経営者の判断に委ねられるので、会計上の見積りの変更としてその変更の内容が注記される。

ウ．連結財務諸表作成のための基本となる重要な事項のうち、連結または持分法の適用の範囲に関する変動は、会計方針の変更に該当しない。

エ．会計上の見積りの変更が生じた場合には、過去の財務諸表に遡って処理することは求められていない。したがって、当期に対する変更の影響は当期の損益で認識し、将来に対する影響であれば、その影響は将来の期間の損益で認識することになる。

オ．臨時償却は、耐用年数の変更等に関する影響額を、その変更期間で一時に認

識する方法（キャッチ・アップ方式）であるが、わが国では、固定資産の耐用年数の変更については、当期以降の費用配分に影響させる方法（プロスペクティブ方式）のみを認めることとしているため、臨時償却の採用は認められない。

1．ア　　2．イ　　3．ウ　　4．エ　　5．オ

54 会計上の変更及び誤謬の訂正(2)

「会計方針の開示、会計上の変更及び誤謬の訂正に関する会計基準」に関する次のア～オの記述のうち、誤っているものが二つある。その記号の組合せの番号を一つ選びなさい。

ア．会計方針を変更した場合で、当期および過去の期間に影響があるときには、原則として、過去の期間における会計方針の変更による影響額を注記することが求められており、当期における会計方針の変更による影響額の注記は求められていない。

イ．表示方法とは、財務諸表の作成にあたって採用した表示の方法をいい、注記による開示は含まれない。

ウ．会計方針の変更を会計上の見積りの変更と区別することが困難な場合については、会計方針の変更と同様に処理する。

エ．過去の財務諸表における誤謬が発見された場合には、遡及処理（修正再表示）を行う。具体的には、表示期間より前の期間に関する修正再表示による累積的影響額は、表示する財務諸表のうち、最も古い期間の期首の資産、負債および純資産の額に反映させ、表示する過去の各期間の財務諸表には、当該各期間の影響額を反映させる。

オ．過去の誤謬について、原則的な取扱い（修正再表示）が実務上不可能な場合の取扱いは、会計基準上で明示されていない。

　1．アイ　　2．アオ　　3．イウ　　4．ウエ　　5．エオ

第13章 企業結合会計

問題編

55 企業結合の範囲

「企業結合に関する会計基準」に関する次のア～オまでの記述のうち、誤っているものを一つ選びなさい。

ア. ある企業を構成する事業と他の企業を構成する事業とが一つの報告単位に統合される場合、当該取引は企業結合に該当する。

イ. 共同新設分割により新会社を設立する取引は、「企業結合に関する会計基準」の適用対象に含まれる。

ウ. 企業結合は、法的に独立した企業同士の取引ではなく経済的に独立した企業同士の取引として定義されるため、企業集団内における合併、吸収分割、現物出資等の取引は企業結合の範囲から除かれる。

エ. 株式交換により非支配株主から子会社株式を取得する取引は、企業結合に該当しない取引である。

オ. 3社以上の企業が一つの報告単位に統合される場合、当該取引は企業結合に該当する。

　1. ア　　2. イ　　3. ウ　　4. エ　　5. オ

56 企業結合の会計処理(1)

企業結合会計に関する次のア～オの記述のうち、誤っているものが一つある。その記号の番号を一つ選びなさい。

ア．共同支配企業の形成および共通支配下の取引以外の企業結合は取得となり、当該企業結合にはパーチェス法が適用される。

イ．ある企業結合を共同支配企業の形成と判定するためには、共同支配投資企業となる企業が、複数の独立した企業から構成されていること、共同支配となる契約等を締結していることに加え、企業結合に際して支払われた対価のすべてが、原則として、議決権のある株式であることおよび支配関係を示す一定の事実が存在しないことが必要である。

ウ．いずれかの結合当事企業において持分の継続が断たれていると判断されるならば、対応する資産及び負債を帳簿価額で引継ぐ持分プーリング法が、損益計算の観点から優れている。

エ．取得とされた企業結合においては、いずれかの結合当事企業を取得企業として決定する。主な対価の種類が株式である企業結合の場合には、通常、当該株式を交付する企業が取得企業となる。

オ．結合当事企業のうち、いずれかの企業の相対的な規模（例えば、総資産額、売上高あるいは純利益）が著しく大きい場合には、通常、当該相対的な規模が著しく大きい結合当事企業が取得企業となる。

　1．ア　　2．イ　　3．ウ　　4．エ　　5．オ

57 企業結合の会計処理(2)

　企業結合における取得の会計に関する次のア〜エまでの記述のうち、正しいものが二つある。その記号の組み合わせを一つ選びなさい。

ア．条件付取得対価が企業結合契約合意後の将来の業績に依存する場合において、対価を追加的に交付する又は引き渡すときには、一定の時点で、支払対価を取得原価として追加的に認識するとともに、のれんを追加的に認識する又は負ののれんを減額する。

イ．取得の対価として市場価格のある株式を交付する場合、取得原価は、株式の交換比率を含む企業結合の主要条件が合意され、公表された日の株価に交付株式数を乗じた額で算定する。

ウ．取得が複数の取引により達成された場合における被取得企業の取得原価は、連結財務諸表上、支配を獲得するに至った個々の取引すべての企業結合日における時価をもって算定する。

エ．取得関連費用のうち、外部のアドバイザー等に支払った特定の報酬・手数料等は取得原価に含めて処理する。

　1．アイ　　2．アウ　　3．アエ　　4．イウ　　5．イエ　　6．ウエ

58 企業結合の会計処理(3)

　企業結合における取得の会計に関する次のア～エまでの記述のうち、正しいものが二つある。その記号の組み合わせを一つ選びなさい。

ア．取得と判定された企業結合では、結合において取得する資産等は通常の一括購入に係る資産と同様の性格をもつといえる。したがって、支払対価総額を一定の配分基準に基づき各資産等に割り当てることになる。

イ．取得と判定された企業結合における取得原価は、被取得企業から取得した識別可能資産及び負債の企業結合日時点の時価を基礎として、当該資産及び負債に対して企業結合日以後1年以内に配分する。

ウ．取得と判定された企業結合においては、被取得企業から取得した識別可能資産及び負債は、のれんを除き、結合前に被結合企業の貸借対照表に計上されているものに限られる。

エ．取得と判定された企業結合で、支払対価総額が取得した資産等に配分された額を超える場合には、負ののれんが生ずる。

　　1．アイ　　2．アウ　　3．アエ　　4．イウ　　5．イエ　　6．ウエ

59 事業分離の会計処理(1)

「事業分離等に関する会計基準」に関する次のア〜オの記述のうち、誤っているものが二つある。その記号の組合せの番号を一つ選びなさい。

ア．事業分離とは、ある企業を構成する事業を他の企業に移転することをいうため、新設される企業に対する事業の移転は事業分離ではない。

イ．企業結合とは、ある企業またはある企業を構成する事業と他の企業または他の企業を構成する事業とが一つの報告単位に統合されることをいう。一方、事業分離とは、ある企業を構成する事業を他の企業に移転することをいうため、事業分離が企業結合に該当することはない。

ウ．「事業分離等に関する会計基準」では、投資の継続・清算という概念に基づき、実現損益を認識するかどうかという観点から、分離元企業の会計処理を考えており、現金など、移転した事業と明らかに異なる資産を対価として受け取る場合には、原則として、投資が清算されたとみなされる。

エ．事業分離にあたり認識した移転損益は、分離元企業の個別財務諸表上、原則として、特別損益に計上する。

オ．現金等の財産と分離先企業の株式を受取対価とする事業分離において、分離先企業が子会社となる場合、個別財務諸表上、取得する分離先企業の株式の取得原価がゼロとなることがある。

1．アイ　　2．アエ　　3．イウ　　4．イオ　　5．エオ

60 事業分離の会計処理(2)

事業分離における分離元企業の個別財務諸表上の会計処理に関する次のア～オの記述のうち、誤っているものが二つある。その記号の組合せの番号を一つ選びなさい。

ア．子会社に対し、移転した事業とは明らかに異なる現金等の財産を受取対価として事業分離を行った場合には、原則として移転損益が認識される。

イ．関連会社に対し、移転した事業とは明らかに異なる現金等の財産を受取対価として事業分離を行った場合には、原則として移転損益が認識される。

ウ．子会社や関連会社以外の会社に対し、移転した事業とは明らかに異なる現金等の財産を受取対価として事業分離を行った場合には、原則として移転損益が認識される。

エ．分離先企業の株式のみを受取対価として事業分離を行う場合において、事業分離前に分離元企業は分離先企業の株式を有していないが、事業分離により分離先企業が新たに分離元企業の子会社となる場合には、原則として移転損益が認識される。

オ．分離先企業の株式のみを受取対価として事業分離を行う場合において、事業分離前に分離元企業は分離先企業の株式を有していないが、事業分離により分離先企業が新たに分離元企業の関連会社となる場合には、原則として移転損益が認識される。

1．アイ　　2．アエ　　3．イウ　　4．イオ　　5．エオ

第14章
リース会計

61 リース会計の概要

リース取引に関する次のア〜オまでの記述のうち、誤っているものを一つ選びなさい。

ア．ファイナンス・リース取引に分類されるためには、リース契約に基づくリース期間の中途において当該契約を解除することができないリース取引であることという要件が必要とされる。したがって、解約に際し相当の違約金の支払いを要する等の理由から事実上解約不能と認められる場合であったとしても、当該リース取引がファイナンス・リース取引に分類されることはない。

イ．ファイナンス・リース取引に係るリース物件は、その経済的実質が売買による取得と同様に考えられることから、当該リース物件をリース資産として、対応する債務とともに借手側の企業の財務諸表に計上すべきである。

ウ．ファイナンス・リース取引について、通常の売買処理に準じた会計処理を行う場合、リース契約締結時に合意されたリース料総額からこれに含まれている利息相当額の合理的な見積額を控除せずにリース物件の取得価額を算定できる。

エ．ファイナンス・リース取引に該当しない取引は、すべてオペレーティング・リース取引に該当する。

オ．オペレーティング・リース取引については、借手側と貸手側のいずれも、通

常の賃貸借取引に係る方法に準じて会計処理を行わなければならない。

1. ア　2. イ　3. ウ　4. エ　5. オ

62 リース取引の会計処理と開示(1)

ファイナンス・リース取引に関する次のア〜オの記述のうち、正しいものが二つある。その記号の組合せの番号を一つ選びなさい。

ア．ファイナンス・リース取引を売買処理する場合、当該取引に係るリース物件の取得価額は、原則として、リース契約締結時に合意されたリース料総額からこれに含まれている利息相当額の合理的な見積額を控除する方法により、当該利息相当額については、原則として、リース期間にわたり利息法により配分する。

イ．所有権移転ファイナンス・リース取引に係るリース資産の減価償却費は、原則としてリース期間を耐用年数とし、残存価額をゼロとして算定する。

ウ．ファイナンス・リース取引において借手が使用するリース資産については、原則として、有形固定資産または無形固定資産に属する各科目に含めて表示する。

エ．所有権移転ファイナンス・リース取引におけるリース債権および所有権移転外ファイナンス・リース取引におけるリース投資資産については、当該企業の主目的たる営業取引により発生したものである場合には、貸借対照表日の翌日から起算して一年以内に入金の期限が到来するものは流動資産に表示し、入金の期限が一年を超えて到来するものは固定資産に表示する。

オ．ファイナンス・リース取引において借手が使用するリース資産については、原則として、その内容（主な資産の種類等）および減価償却の方法を注記するが、重要性が乏しい場合には、当該注記は要しない。

1．アイ　　2．アオ　　3．イウ　　4．ウエ　　5．エオ

63 リース取引の会計処理と開示(2)

リース取引に関する次のア～オまでの記述のうち、誤っているものが二つある。その記号の組み合わせを一つ選びなさい。

ア. ファイナンス・リース取引の貸手は、リース投資資産について、リース料債権部分および見積残存価額部分の金額（各々、利息相当額控除前）ならびに受取利息相当額を注記する。また、リース債権およびリース投資資産に係るリース料債権部分について、貸借対照表日後5年以内における1年ごとの回収予定額および5年超の回収予定額を注記する。ただし、重要性が乏しい場合には、これらの注記は要しない。

イ. セール・アンド・リースバック取引におけるリース取引がオペレーティング・リース取引に該当する場合、借手は、リースの対象となる物件の売却に伴う損益を長期前払費用または長期前受収益等として繰延処理し、リース資産の減価償却費の割合に応じ減価償却費に加減して損益に計上する。

ウ. セール・アンド・リースバック取引において繰延処理される長期前受収益は、負債の定義を充たさないという問題点が指摘される。

エ. 転リース取引では、一つの企業が借手となると同時に、貸手となる。借手としてのリース取引および貸手としてのリース取引の双方がファイナンス・リース取引に該当する場合、貸借対照表上、リース債権またはリース投資資産とリース債務を相殺して表示する。

オ. オペレーティング・リース取引については、借手・貸手ともに解約不能のものに係る未経過リース料を、貸借対照表日後1年以内のリース期間に係るものと、貸借対照表日後1年を超えるリース期間に係るものとに区分して注記する。ただし、重要性が乏しい場合には、当該注記は要しない。

  1. アイ   2. アウ   3. イエ   4. ウオ   5. エオ

第 **15** 章
連結財務諸表

問題編

64 連結基礎概念、非支配株主持分

　連結財務諸表に関する次のア～オまでの記述のうち、誤っているものが二つある。その記号の組み合わせを一つ選びなさい。

ア．連結基礎概念としての親会社説は、親会社の出資者を会計主体とみる考え方に基づいている。これに対して、経済的単一体説は、親会社の出資者のみならず、非支配株主をも含めて会計主体とみる考え方に基づいている。

イ．比例連結によると、非支配株主持分は表示されず、非支配株主に帰属する資産および負債は連結貸借対照表から除外される。

ウ．支配獲得日後に生じた子会社の利益剰余金のうち非支配株主に帰属する部分は、非支配株主持分として処理するが、評価・換算差額等のうち非支配株主に帰属する部分はその他の包括利益累計額として処理する。

エ．支配獲得日後に生じた子会社の損益のうち非支配株主に帰属する部分は持分比率に応じて非支配株主持分に加減されるので、債務超過に陥っている子会社については、その債務超過額は持分比率に応じて非支配株主持分に負担させなければならない。

オ．非支配株主持分は、純資産の部において株主資本とは区別して表示する。これは、非支配株主持分が返済義務のある負債ではなく、また、連結財務諸表に

おける親会社株主に帰属するものでもないためである。

1. アイ　　2. アウ　　3. イオ　　4. ウエ　　5. エオ

65 一般基準（連結の範囲）

子会社の範囲に関連する次のア〜オまでの記述のうち、正しいものが二つある。その記号の組み合わせを一つ選びなさい。

ア．当社は、A社の議決権の40%を自己の計算で所有しており、かつ、A社から事業全部の経営の委任を受けている。この場合、A社は、当社の子会社に該当しない。

イ．役員若しくは従業員である者が、他の会社の取締役会の構成員の過半数を継続して占めている場合であっても、他の会社の議決権の過半数を所有していない場合には、当該他の会社は子会社に該当することはない。

ウ．特別目的会社については、適正な価額で譲り受けた資産から生ずる収益を当該特別目的会社が発行する証券の所有者に享受させることを目的として設立されており、当該特別目的会社の事業がその目的に従って適切に遂行されているときは、当該特別目的会社に資産を譲渡した企業から独立しているものと認め、当該特別目的会社に資産を譲渡した企業の子会社に該当しないものと推定する。

エ．他の会社への支配が一時的であると認められる会社や、連結することにより利害関係者の判断を著しく誤らせるおそれのある会社は、子会社に該当しないものとされる。

オ．連結の範囲から除いても企業集団の財政状態及び経営成績に関する合理的な判断を妨げない程度に重要性の乏しい子会社については、連結の範囲から除外できる。

1．アイ　　2．アオ　　3．イエ　　4．ウエ　　5．ウオ

「連結財務諸表に関する会計基準」に関する次のア〜オまでの記述のうち、正しいものを一つ選びなさい。

ア．子会社の決算日が連結決算日と異なる場合であっても、決算日の差異が3ヶ月を超えない場合には、子会社の正規の決算を基礎として連結決算を行うことが容認されており、決算日が異なることから生じる会計記録の不一致について、一切の修正整理が不要となる。

イ．同一環境下で行われた同一の性質の取引等について、親会社及び子会社が採用する会計処理の原則及び手続は、原則として親会社が採用する会計処理の原則及び手続に統一しなければならない。

ウ．支配獲得日、株式の取得日又は売却日等が子会社の決算日以外の日である場合には、原則として、当該日の前後いずれかの決算日に支配獲得、株式の取得又は売却等が行われたものとみなして処理する。

エ．連結貸借対照表の作成にあたっては、支配獲得日において、子会社の資産および負債のうち親会社の持分に相当する部分を時価により評価する。

オ．評価差額に重要性が乏しい子会社の資産および負債は、個別貸借対照表上の金額によることができる。

1．ア　2．イ　3．ウ　4．エ　5．オ

67 連結貸借対照表

　連結貸借対照表の作成に関する次のア～オまでの記述のうち、正しいものが二つある。その記号の組み合わせを一つ選びなさい。

ア．子会社に対する支配を獲得した後に親会社が子会社株式を追加取得した場合には、追加取得した株式に対応する持分を非支配株主持分から減額し、追加取得により増加した親会社の持分（追加取得持分）を追加投資額と相殺消去する。追加取得持分と追加投資額との間に生じた差額は、のれんまたは負ののれんとして処理する。

イ．子会社株式を一部売却したが、親会社と子会社の支配関係が継続している場合、支配獲得時に計上したのれんの未償却額のうち売却した子会社株式に対応する額を売却による親会社の持分の減少額と同様に売却価額から控除し、これらの差額を資本剰余金とする。

ウ．子会社株式を一部売却したが、親会社と子会社の支配関係が継続している場合、関連する法人税等（子会社への投資に係る税効果の調整を含む。）は利益剰余金から控除する。

エ．子会社株式の売却により被投資会社が子会社および関連会社に該当しなくなった場合には、連結財務諸表上、残存する当該被投資会社に対する投資は、個別貸借対照表上の帳簿価額をもって評価する。

オ．連結子会社における親会社株式の売却損益（内部取引によるものを除いた親会社持分相当額）は、親会社における自己株式処分差額と同様に処理し、非支配株主持分相当額は非支配株主に帰属する当期純利益に加減する。

　1．アイ　　2．アウ　　3．イオ　　4．ウエ　　5．エオ

68 連結損益計算書

連結損益計算書の作成に関する次のア～オまでの記述のうち、誤っているものが二つある。その記号の組み合わせを一つ選びなさい。

ア．連結会社相互間における商品の売買等の取引に係る項目は相殺消去されるが、会社相互間取引が連結会社以外の会社を通じて行われている場合には、当該取引に係る項目が相殺消去されることはない。

イ．連結会社相互間の取引によって取得した棚卸資産等に含まれる未実現損益はその全額を消去するが、未実現損失については売手側の帳簿価額のうち回収不能と認められる部分は消去しない。

ウ．主たる営業として製品または商品の販売と役務の給付とがある場合には、売上高および売上原価を製品等の販売に係るものと役務の給付に係るものとに区分して記載する。

エ．資産の売手側の子会社に非支配株主が存在する場合、未実現損益はその全額を親会社の持分に配分して消去する。

オ．連結会社相互間の取引によって取得した棚卸資産に含まれる未実現損益の金額に重要性が乏しい場合には、これを消去しないことができる。

　1．アウ　　2．アエ　　3．イエ　　4．イオ　　5．ウオ

69 持分法

持分法の適用に関連する次のア〜オまでの記述のうち、正しいものが二つある。その記号の組み合わせを一つ選びなさい。

ア．非連結子会社及び関連会社に対する投資については、持分法が適用される。ただし、持分法の適用により連結財務諸表に重要な影響を与えない場合には、持分法の適用会社としないことができる。

イ．当社は、D社の議決権の13％を自己の計算で所有しており、かつ、自己の意思と同一の内容の議決権を行使することに同意している者がD社の議決権の５％を所有している。さらに、当社はD社に対して重要な技術を提供している。この場合、D社は、当社の関連会社に該当する。

ウ．子会社株式の売却等により当該会社が子会社に該当しなくなった場合には、残存する当該会社の株式には持分法を適用しなければならない。

エ．持分法の適用に際しては、同一環境下で行われた同一の性質の取引等について、投資会社（その子会社を含む）及び持分法を適用する被投資会社が採用する会計処理の原則及び手続は、原則として統一する。

オ．被投資会社の決算日が連結決算日と異なる場合には、被投資会社は、連結決算日に正規の決算に準ずる合理的な手続により仮決算を行わなければならない。

　1．アウ　　2．アエ　　3．イエ　　4．イオ　　5．ウオ

70 包括利益の表示(1)

「包括利益の表示に関する会計基準」に関する次のア〜エの記述のうち、正しいものが二つある。その記号の組み合わせを一つ選びなさい。

ア．「包括利益の表示に関する会計基準」は、市場関係者から広く認められている当期純利益に関する情報の有用性を前提としており、包括利益の表示によってその重要性を低めることを意図するものではない。

イ．「包括利益の表示に関する会計基準」では、その他の包括利益は、包括利益のうち当期純利益に含まれない部分をいうと定義されており、連結財務諸表におけるその他の包括利益には、親会社株主に係る部分と非支配株主に係る部分が含まれる。

ウ．包括利益とは、ある企業の特定期間の財務諸表において認識された純資産の変動額のうち、当該企業の純資産に対する持分所有者との直接的な取引によらない部分をいう。ここにおける持分所有者には、子会社の非支配株主は含まれるが、新株予約権の所有者は含まれない。

エ．包括利益の表示によって提供される情報は、株主資本と包括利益とのクリーン・サープラス関係を明示することを通じて、財務諸表の理解可能性と比較可能性を高めることになる。

1．アイ　　2．アウ　　3．アエ　　4．イウ　　5．イエ　　6．ウエ

71 包括利益の表示⑵

「包括利益の表示に関する会計基準」に関する次のア〜エの記述のうち、正しいものが二つある。その記号の組み合わせを一つ選びなさい。

ア．持分法を適用する被投資会社のその他の包括利益に対する投資会社の持分相当額は、その内容に基づいて、その他有価証券評価差額金、繰延ヘッジ損益、為替換算調整勘定、退職給付に係る調整額等に区分して表示する。

イ．当期純利益を構成する項目のうち、当期または過去の期間にその他の包括利益に含まれていた部分は、組替調整額として、その他の包括利益の内訳項目ごとに注記する。この注記は、その他の包括利益の各内訳項目別の法人税等及び税効果の金額の注記と併せて記載することができる。

ウ．繰延ヘッジ損益に関する組替調整額は、ヘッジ対象に係る損益が認識されたこと等に伴って当期純利益に含められた金額による。また、ヘッジ対象とされた予定取引で購入した資産の取得価額に加減された金額は、組替調整額に準じて開示することが適当と考えられる。なお、為替予約の振当処理は、組替調整額およびこれに準じた開示は必要ないと考えられる。

エ．2計算書方式による場合、連結損益計算書のボトムラインは当期純利益とされ、その内訳として親会社株主に帰属する当期純利益と非支配株主に帰属する当期純利益が付記される。

1．アイ　　2．アウ　　3．アエ　　4．イウ　　5．イエ　　6．ウエ

72 関連当事者の開示

関連当事者の開示に関する以下のア～オまでの記述のうち、正しいものはいくつあるか。一つ選びなさい。

ア．連結財務諸表作成会社は、連結財務諸表および個別財務諸表において関連当事者の開示を行う。

イ．財務諸表作成会社の役員は関連当事者に該当するため、役員に対する報酬、賞与および退職慰労金の支払いは、開示対象となる関連当事者との取引に含まれる。

ウ．関連当事者との取引で無償のものは重要性がないため、開示対象とする必要はない。

エ．連結財務諸表上、連結子会社は関連当事者に含まれる。

オ．「関連当事者の開示に関する会計基準」は、関連当事者との取引の開示だけでなく、関連当事者の存在に関する開示として、親会社等の情報の開示も規定している。

1．0個　　2．1個　　3．2個　　4．3個　　5．4個

73 セグメント情報等の開示

　セグメント情報等の開示に関する次のア～オまでの記述のうち、正しいものが二つある。その記号の組み合わせを一つ選びなさい。

ア．セグメント情報等の開示は、財務諸表利用者が、企業の過去の業績を理解し、将来のキャッシュ・フローの予測を適切に評価できるように、企業が行う様々な事業活動の内容およびこれを行う経営環境に関して適切な情報を提供するものでなければならない。

イ．マネジメント・アプローチは、討議資料『財務会計の概念フレームワーク』における意思決定との関連性の観点から短所が認められるものの、比較可能性の観点から優れているため、「セグメント情報等の開示に関する会計基準」で採用された。

ウ．事業セグメントは、企業の最高経営意思決定機関が各構成単位に配分すべき資源に関する意思決定を行い、また、その業績を評価するために、経営成績を定期的に検討するものである。ここで、企業の最高経営意思決定機関とは、企業の最高意思決定を行う会議体を言い、取締役会や執行役員会議等が具体例としてあげられる。

エ．事業セグメントは、収益を稼得し、費用が発生する事業活動に関わるものでなければならないが、ここでいう収益および費用には、同一企業内の他の構成単位との取引に関連する収益および費用は含まれない。

オ．ある事業セグメントの利益または損失の絶対値が、利益の生じているすべての事業セグメントの利益の合計額、または損失の生じているすべての事業セグメントの損失の合計額の絶対値のいずれか大きい額の10%以上である場合、報告セグメントとして開示する。

　　1．アウ　　2．アオ　　3．イウ　　4．イエ　　5．エオ

第16章

四半期
財務諸表

74 四半期財務諸表の基礎概念

　「四半期財務諸表に関する会計基準」における四半期財務諸表の作成に関する次のア～オまでの記述のうち、誤っているものが二つある。その記号の組み合わせを一つ選びなさい。

ア．四半期連結財務諸表は、四半期連結貸借対照表、四半期連結損益および包括利益計算書（1計算書方式による場合）及び四半期連結キャッシュ・フロー計算書からなる。

イ．作成公表が義務づけられる四半期財務諸表は、連結ベースの四半期財務諸表のみであり、連結財務諸表を作成しない会社において、個別ベースの四半期財務諸表の作成公表は義務づけられていない。

ウ．四半期損益計算書については、原則として期首からの累計期間の情報を開示しなければならない。

エ．四半期財務諸表の性格については、実績主義と予測主義とがある。予測主義とは、四半期会計期間を年度の一構成部分と位置付けて、四半期財務諸表を、年度の財務諸表と部分的に異なる会計処理の原則及び手続を適用して作成することにより、当該四半期会計期間を含む年度の業績予測に資する情報を提供するという考え方であり、「四半期財務諸表に関する会計基準」が採る立場である。

オ．実績主義と予測主義のいずれの考え方を採る場合であっても、期間計算である限り、見積もりや予測に基づく測定は避けられないが、相対的にみて、予測主義による場合はより多くそのような測定に依存せざるを得ないため、恣意的な判断の介入の余地が大きいと考えられる。

　　1．アウ　　2．アエ　　3．イエ　　4．イオ　　5．ウオ

75 四半期財務諸表の作成基準

「四半期財務諸表に関する会計基準」における四半期財務諸表の作成に関する次のア～オまでの記述のうち、誤っているものが二つある。その記号の組み合わせを一つ選びなさい。

ア．四半期財務諸表の作成にあたって、減価償却の方法として定率法を適用する場合には、年度に係る減価償却費の額を期間按分する方法により、四半期会計期間または期首からの累計期間の減価償却費を計上しなければならない。

イ．四半期財務諸表の表示方法は、年度の財務諸表に準ずるが、四半期財務諸表における個々の表示科目は、開示の適時性の要請を踏まえ、当該四半期財務諸表の開示対象期間に係る企業の財政状態、経営成績およびキャッシュ・フローの状況に関する財務諸表利用者の判断を誤らせない限り、集約して記載することが認められている。

ウ．四半期会計期間末における棚卸高は、実地棚卸をすることなく、前年度に係る実地棚卸高を基礎として、合理的な方法により算定することができる。

エ．法人税等については、四半期会計期間を含む年度の法人税等の計算に適用される税率に基づき、年度決算と同様の方法により計算しなければならない。

オ．事業の性質により、営業収益または営業費用に著しい季節的変動がある場合には、その状況を注記しなければならない。

1．アイ　　2．アエ　　3．イウ　　4．イオ　　5．エオ

第17章 キャッシュ・フロー計算書

76 キャッシュ・フロー計算書の基礎概念

　キャッシュ・フロー計算書に関する次のア～オまでの記述のうち、正しいものが二つある。その記号の組み合わせを一つ選びなさい。

ア．損益計算書上では利益が計上されているにもかかわらず、企業倒産に追い込まれる、いわゆる黒字倒産というケースがあるが、こうした黒字倒産の原因を知るうえで、キャッシュ・フロー計算書は有用である。

イ．直接法による表示方法は、親会社及び子会社において主要な取引ごとにキャッシュ・フローに関する基礎データを用意することが必要であり実務上手数を要するが、純利益と営業活動に係るキャッシュ・フローとの関係を明示することができる点で優れている。

ウ．キャッシュ・フロー計算書における資金とは、現預金及び市場性のある一時所有の有価証券である。

エ．貸借対照表において流動資産に属する現金及び預金とキャッシュ・フロー計算書における資金の範囲は同じであることから、キャッシュ・フロー計算書は期首貸借対照表上の現金及び預金と期末貸借対照表上の現金及び預金とを比較した場合の増減変化の内訳明細書としての性格を有するといえる。

オ．キャッシュ・フロー計算書には、連結ベースのものの他に個別ベースのもの、

さらに年度ベースのものの他に四半期ベースのものがある。

1. アイ   2. アオ   3. イウ   4. ウエ   5. エオ

77 キャッシュ・フロー計算書の表示方法

「キャッシュ・フロー計算書等の作成基準」におけるキャッシュ・フロー計算書の作成に関する次のア〜オまでの記述のうち、正しいものを一つ選びなさい。

ア．キャッシュ・フロー計算書においては、一会計期間におけるキャッシュ・フローを、営業活動によるキャッシュ・フロー、営業外活動によるキャッシュ・フロー及び投資活動によるキャッシュ・フローの3つに区分して表示する。

イ．営業活動によるキャッシュ・フローの表示方法には直接法と間接法の選択適用が認められているが、間接法により表示する場合には、法人税等を控除した後の当期純利益から開始する形式によることとされている。

ウ．利息及び配当金の表示区分としては、受取利息、受取配当金及び支払利息を営業活動によるキャッシュ・フローの区分に、支払配当金を、財務活動によるキャッシュ・フローの区分に記載する方法と、受取利息及び受取配当金は投資活動によるキャッシュ・フローの区分に、支払利息及び支払配当金を、財務活動によるキャッシュ・フローの区分に記載する方法との選択適用が認められる。

エ．法人税等の表示区分としては、営業活動によるキャッシュ・フローの区分に一括して記載する方法と3つの区分のそれぞれに分けて記載する方法との選択適用が認められる。

オ．期間が短く、かつ、回転が速い項目に係るキャッシュ・フローについては、純額で表示することができる。したがって、受取利息と支払利息が反復的に生じる場合、両者を相殺表示することができる。

1．ア　　2．イ　　3．ウ　　4．エ　　5．オ

第18章

研究開発費等
の会計

78 研究開発費の会計

「研究開発費等に係る会計基準」における研究開発費の処理等に関する次のア～オまでの記述のうち、正しいものを一つ選びなさい。

ア．新経営組織の採用、市場の開拓および資源の開発のための支出は「研究開発費等に係る会計基準」の研究開発費に含まれないため、すべて開発費として資産計上することができる。

イ．すべての研究開発費は、発生時に一般管理費として費用処理しなければならない。

ウ．研究開発計画が進行し、将来の収益獲得期待が確実であると認められる研究開発費については、これを資産として貸借対照表に計上することができる。

エ．研究とは、新しい知識の発見を目的とした計画的な調査及び探究をいう。このため、製造現場で行われる改良研究であっても、それが明確なプロジェクトとして行われる場合には、これに含まれる。

オ．研究開発費の総額は財務諸表に注記しなければならない。

   1．ア   2．イ   3．ウ   4．エ   5．オ

79 ソフトウェアの会計

「研究開発費等に係る会計基準」におけるソフトウェアの処理等に関する次のア～オまでの記述のうち、誤っているものを一つ選びなさい。

ア．市場販売目的のソフトウェアである製品マスターの改良・強化を行う制作活動のための費用は、著しい改良と認められない限り、資産に計上しなければならないが、機能維持に要した費用は発生時の費用として処理することになる。

イ．無形固定資産として計上したソフトウェアの取得原価は、当該ソフトウェアの性格に応じて、見込販売数量に基づく償却方法その他合理的な方法により償却しなければならない。この場合、市場販売目的のソフトウェアにおいては、見込販売収益に基づく方法も合理的な償却方法の一つと考えられる。

ウ．無形固定資産として計上したソフトウェアの取得原価を見込販売数量に基づき減価償却を実施している場合、毎期の減価償却額は、見込販売数量等に基づく償却額と、残存有効期間に基づく均等配分額とを比較し、いずれか大きい額を計上することになる。

エ．市場販売目的のソフトウェア及び自社利用のソフトウェアを資産計上する場合には、無形固定資産の区分に計上しなければならない。また、制作途中のソフトウェアの制作費については、無形固定資産の仮勘定として計上することとする。

オ．社内利用のソフトウェアについては、その利用により将来の収益獲得又は費用削減が不確実である場合には、当該ソフトウェアの取得に要した費用を資産として計上しなければならない。

1．ア　　2．イ　　3．ウ　　4．エ　　5．オ

第19章

税効果会計、法人税等

80 一時差異等

「税効果会計に係る会計基準」における税効果会計の処理等に関する次のア〜オまでの記述のうち、正しいものはいくつあるか、一つ選びなさい。

ア．永久差異とは、貸借対照表及び連結貸借対照表に計上されている資産及び負債の金額と課税所得計算上の資産及び負債の金額との差額のうち、将来の期間において課税所得に算入されることのない差額をいい、税効果会計の適用対象とならないものである。

イ．一時差異とは、貸借対照表及び連結貸借対照表に計上されている資産及び負債の金額と課税所得計算上の資産及び負債の金額との差額のうち、将来の期間において課税所得に算入される差額をいい、期間差異及び繰越欠損金等からなり、税効果会計の適用対象となるものである。

ウ．資産の評価替えにより生じた評価差額が直接純資産の部に計上され、かつ、課税所得の計算に含まれていない場合には、一時差異が生じる。

エ．将来加算一時差異とは、当該一時差異が解消するときにその期の課税所得を減額する効果を持つものであり、法人税等の支払いが前払いとなることから、それを示す繰延税金資産という勘定で処理される。

オ．法人税法においては、所得に対する国際二重課税を調整するために、外国税額の控除を認めている。この時、控除する外国税額が大きく、その年度におい

て十分に控除しきれない場合には翌年度以降の繰越控除が認められているが、この繰越外国税額控除は一時差異ではないが、一時差異と同様の税効果を有することから、一時差異と同様に取り扱うことになる。

1．1個　　2．2個　　3．3個　　4．4個　　5．5個

81 繰延法と資産負債法

繰延法と資産負債法に関する次のア～オまでの記述のうち、正しいものが二つ
ある。その記号の組み合わせを一つ選びなさい。

ア．税効果会計の方法、すなわち繰延税金の計算方法には、繰延法と資産負債法
とがあり、「税効果会計に係る会計基準」においては、繰延法によることとし
ている。

イ．その他有価証券を時価評価し、その評価差額を純資産の部に計上する場合、
資産負債法によれば税効果会計の対象となるが、繰延法によれば税効果会計の
対象とならない。

ウ．繰延法では、課税所得に基づく納税義務額のうち、当期の企業会計上の利益
に対応しない部分を繰り延べることが焦点となることから、税効果会計に適用
される税率は、期間差異の解消年度のものが適用され、その後に税率の変更が
あれば繰延税金の修正を行う。

エ．資産負債法とは、企業会計上の資産・負債の金額と税務上の資産・負債の金
額に相違がある場合において、その差異項目のうち一時差異について、貸借対
照表上、繰延税金資産又は繰延税金負債として計上する方法である。

オ．資産負債法では、将来期間における前払税金の回収額又は追加支払額の計上
を重視することから、税効果会計に適用される税率は、一時差異の発生年度の
ものが適用され、その後に税率の変更があっても繰延税金の修正を行わない。

1．アウ　　2．アエ　　3．イエ　　4．ウオ　　5．エオ

82 繰延税金資産・繰延税金負債、財務諸表の開示

　「税効果会計に係る会計基準」における税効果会計の処理と開示に関する次のア～オの記述のうち、誤っているものが二つある。その記号の組み合わせを一つ選びなさい。

ア．法人税等調整額は、一時差異等の発生原因にかかわらず、すべての繰延税金資産とすべての繰延税金負債の差額を期首と期末で比較した増減額として計算される。

イ．資産の評価替えにより生じた評価差額が直接純資産の部に計上される場合において、当該評価差額に係る繰延税金資産および繰延税金負債の金額を法人税率の変更があったこと等により修正したときは、修正差額を評価差額に加減して処理する。

ウ．繰延税金資産は投資その他の資産の区分に表示し、繰延税金負債は固定負債の区分に表示する。

エ．繰延税金資産と繰延税金負債は、相殺することなくそれぞれ別に表示しなければならない。ただし、異なる納税主体の繰延税金資産と繰延税金負債は、相殺することが認められている。

オ．繰延税金資産および繰延税金負債の発生原因別の内訳を注記するにあたっては、繰延税金資産から控除された額（評価性引当額）を併せて記載する。当該内訳として税務上の繰越欠損金を記載している場合であって、当該繰越欠損金の額が重要であるときは、評価性引当額は、税務上の繰越欠損金に係る評価性引当額と将来減算一時差異等の合計に係る評価性引当額に区分して記載する。

　　1．アウ　　　2．アエ　　　3．イウ　　　4．イオ　　　5．エオ

83 連結財務諸表における税効果会計

　連結財務諸表における税効果会計に関する次のア〜オまでの記述のうち、誤っているものを一つ選びなさい。

ア．資本連結手続において生じたのれんは税務上の資産計上もその償却額の損金算入も認められておらず、また子会社における個別貸借対照表上の簿価は存在しないため一時差異となるが、現行制度上、のれんに対して税効果を認識しないこととされている。

イ．連結財務諸表における未実現損益の消去に適用する税率は、未実現損益が発生した連結会社、すなわち売却元に適用された税率によるか、購入側の連結会社において将来の外部売却時に適用される税率によるかの問題がある。現行制度上は、未実現損益の消去に関する従来からの実務慣行を勘案し、それと整合するよう未実現損益の発生年度における売却元の税率を適用することとされており、「税効果会計に係る会計基準」が採用している資産負債法の考え方と整合している。

ウ．個別財務諸表において連結会社に対する債権に貸倒引当金を計上し、当該貸倒引当金繰入額について税務上の損金算入の要件を満たしていない場合であって、当該貸倒引当金繰入額に係る将来減算一時差異の全部又は一部に対して繰延税金資産が計上されているときは、連結決算手続上、債権と債務の相殺消去に伴い当該貸倒引当金が修正されたことにより生じた当該貸倒引当金に係る連結財務諸表固有の将来加算一時差異に対して、当該繰延税金資産と同額の繰延税金負債を計上する。当該繰延税金負債については、個別財務諸表において計上した貸倒引当金繰入額に係る将来減算一時差異に対する繰延税金資産と相殺する。

エ．連結財務諸表の作成上、投資の売却および投資評価減の税務上の損金算入を解消事由とする子会社への投資に係る一時差異の税効果に関しては、予測可能な将来、売却の意思決定が明確な場合または投資評価減の損金算入の要件が満

たされることとなる場合を除き、認識しない。これに対して、配当受領を解消
事由とする子会社の留保利益に係る税効果に関しては、原則として認識する。
オ．資本連結に際して認識される子会社の資産・負債の評価差額に係る繰延税金
資産及び繰延税金負債の金額を修正したときは、修正差額を法人税等調整額に
加減して処理する。

1．ア　　2．イ　　3．ウ　　4．エ　　5．オ

84 法人税等の表示

「法人税、住民税及び事業税等に関する会計基準」に関する次のア～オの記述のうち、正しいものが二つある。その記号の組み合わせを一つ選びなさい。

ア．過年度の所得等に対する法人税、住民税及び事業税等について、更正等により還付されることが確実に見込まれ、当該還付税額を合理的に見積ることができる場合、誤謬に該当するときを除き、当該還付税額を損益に計上する。

イ．損益に計上する法人税、地方法人税、住民税及び事業税（所得割）は、損益計算書の税引前当期純利益（または損失）の次に、法人税、住民税及び事業税などその内容を示す科目をもって表示し、事業税（付加価値割及び資本割）は、原則として、販売費及び一般管理費として表示する。

ウ．法人税、住民税及び事業税等の税額が、中間申告により納付された税額を下回る場合等により還付されるとき、当該還付税額のうち受領されていない税額は、貸借対照表の投資その他の資産の区分に、未収還付法人税等などその内容を示す科目をもって表示する。

エ．法人税、住民税及び事業税等のうち納付されていない税額は、貸借対照表の流動負債の区分に、未払法人税等などその内容を示す科目をもって表示するが、法人税、住民税及び事業税等の更正等による追徴税額のうち納付されていない税額は、未払法人税等と区別して表示する。

オ．受取利息及び受取配当金等に課される源泉所得税のうち法人税法等に基づき税額控除の適用を受けない税額は、原則として、損益計算書の法人税、地方法人税、住民税及び事業税（所得割）に含めて表示する。

1．アイ　　2．アウ　　3．イエ　　4．ウオ　　5．エオ

第 20 章
退職給付 の会計

問題編

85 退職給付の会計の基礎概念

　退職給付の会計に関する次のア～オまでの記述のうち、正しいものを一つ選びなさい。

ア．「退職給付に関する会計基準」は、退職給付の会計処理に適用されるため、役員の退職慰労金についても適用される。

イ．退職給付の性格に関しては、賃金後払説、功績報償説、生活保障説等があるが、わが国の退職給付会計基準は、功績報償説の考え方を基本としている。

ウ．複数の退職給付制度を採用している場合において、１つの退職給付制度に係る年金資産が当該退職給付制度に係る退職給付債務を超えるときは、当該年金資産の超過額を他の退職給付制度に係る退職給付債務から控除することができる。

エ．退職給付債務は、退職により見込まれる退職給付の総額（退職給付見込額）のうち、当期に発生したと認められる額を割り引いて計算する。

オ．「退職給付に係る会計基準」は、退職給付見込額に考慮すべき、合理的に見込まれる退職給付の変動要因として、確実に見込まれる昇給等を挙げていたが、国際的な会計基準では確実性までは求められていないことを勘案し、「退職給付に関する会計基準」では、確実に見込まれる昇給等ではなく、予想される昇給等を考慮すべきとしている。

　1．ア　　2．イ　　3．ウ　　4．エ　　5．オ

86 退職給付債務等

退職給付の会計に関する次のア～オまでの記述のうち、正しいものを一つ選びなさい。

ア．退職給付債務は、勤続年数、残存勤務期間、退職給付見込額等について標準的な数値を用いて加重平均等により合理的な計算ができると認められる場合には、当該合理的な計算方法を用いて計算しなければならない。

イ．退職給付見込額の期間帰属方法について、勤務をしても給付が増加されない状況でも費用を認識する場合があるなどの理由で期間定額基準は妥当でないため、「退職給付に関する会計基準」においては、期間定額基準は廃止され給付算定式基準に変更された。

ウ．退職給付債務の計算における割引率は、安全性の高い債券の利回りを基礎として決定する。ここにおける安全性の高い債券の利回りとは、期末における国債、政府機関債および優良社債の利回りをいう。

エ．わが国の退職給付会計基準は、将来の昇給予想を織り込んで計算した退職給付債務である累積給付債務を採用している。

オ．新たに退職給付制度を採用したときまたは給付水準の重要な改訂を行ったときに発生する過去勤務費用を発生時に全額費用処理する場合などにおいて、その金額が重要であると認められるときには、当該金額を特別損益として計上しなければならない。

1．ア　2．イ　3．ウ　4．エ　5．オ

87 退職給付費用等

退職給付の会計に関する次のア〜オまでの記述のうち、正しいものが二つある。その記号の組み合わせを一つ選びなさい。

ア．従業員からの拠出がある企業年金制度を採用している場合であっても、勤務費用は退職給付見込額のうち当期に発生したと認められる額を一定の割引率および残存勤務期間に基づき割り引いて計算し、従業員からの拠出額を差し引いてはならない。

イ．年金資産とは、特定の退職給付制度のために、その制度について企業と従業員との契約（退職金規程等）等に基づき積み立てられた特定の資産であり、①退職給付以外に使用できないこと、②事業主および事業主の債権者から法的に分離されていること、③積立超過分を除き、事業主への返還、事業主からの解約・目的外の払出し等が禁止されていること、④資産を事業主の資産と交換できないことという要件のいずれかを満たすものをいう。

ウ．過去勤務費用の発生額については、当期の発生額を翌期から費用処理する方法を用いることができる。

エ．数理計算上の差異および過去勤務費用については、未認識数理計算上の差異および未認識過去勤務費用の残高の一定割合を費用処理する方法によることができる。この場合の一定割合は、数理計算上の差異および過去勤務費用の発生額が平均残存勤務期間以内に概ね費用処理される割合としなければならない。

オ．連結財務諸表上、未認識数理計算上の差異は、これらに関する、法人税等及び税効果を調整の上、純資産の部（その他の包括利益累計額）に計上することとし、積立状況を示す額をそのまま負債（または資産）として計上する。

　　1．アウ　　2．アエ　　3．イウ　　4．イオ　　5．エオ

88 退職給付会計における財務諸表の表示方法等

　「退職給付に関する会計基準」における財務諸表上の取扱い等に関する次のア〜エまでの記述のうち、正しいものが二つある。その記号の組み合わせを一つ選びなさい。

ア．連結貸借対照表において退職給付に係る負債を計上するにあたっては、当該負債は原則として退職給付引当金の科目をもって計上する。

イ．確定拠出制度においては、当該制度に基づく要拠出額をもって費用処理するが、当該費用は、退職給付費用に含めて計上してはならない。

ウ．従業員数が比較的少ない小規模な企業においては、期末の退職給付の要支給額を用いた見積計算を行う等簡便な方法を用いて退職給付費用を計算することが認められている。

エ．複数の事業主により設立された確定給付型企業年金制度を採用している場合、自社の拠出に対応する年金資産の額を合理的に計算することができないときには、当該制度への要拠出額を退職給付費用として処理する。

　1．アイ　　2．アウ　　3．アエ　　4．イウ　　5．イエ　　6．ウエ

第21章 金融商品の会計

問題編

89 金融商品の時価

　「時価の算定に関する会計基準」に関する次のア〜エの記述のうち、正しいものが二つある。その記号の組合せを一つ選びなさい。

ア．「時価の算定に関する会計基準」は、「金融商品に関する会計基準」における金融商品の時価に適用され、「棚卸資産の評価に関する会計基準」におけるトレーディング目的で保有する棚卸資産の時価には適用されない。

イ．「時価の算定に関する会計基準」において定義される時価は、算定日における市場参加者間の秩序ある取引が行われると想定した場合の入口価格（交換取引において資産を取得するために支払った価格または負債を引き受けるために受け取った価格）である。

ウ．市場参加者には「関連当事者の開示に関する会計基準」における関連当事者は含まれない。

エ．時価の算定にあたっては、状況に応じて、十分なデータが利用できる評価技法を用いるが、当該評価技法を用いるにあたっては、関連性のある観察可能なインプット（市場参加者が資産または負債の時価を算定する際に用いる仮定）を最大限利用し、観察できないインプットの利用を最小限にすることとされている。

　　1．アイ　　2．アウ　　3．アエ　　4．イウ　　5．イエ　　6．ウエ

90 金融資産・金融負債の発生及び消滅の認識

「金融商品に関する会計基準」における金融商品の発生及び消滅の認識に関する次のア～オまでの記述のうち、正しいものはいくつあるか、一つ選びなさい。

ア．すべての金融資産又は金融負債については、当該金融資産の契約上の権利又は金融負債の契約上の義務を生じさせる契約を締結したとき、発生を認識しなければならない。

イ．債権者が貸付金等の債権に係る資金を回収したとき、保有者がオプション権を行使しないままに行使期限が到来したとき又は保有者が有価証券等を譲渡したときなどには、それらの金融資産の消滅を認識する。

ウ．第一次債務を引き受けた第三者が倒産等に陥ったときに二次的に責任を負うという条件の下で、債務者が金融負債の契約上の第一次債務者の地位から免責されることがあるが、この場合には、リスク・経済価値アプローチにより当該債務に係る金融負債の消滅を認識する。

エ．金融資産又は金融負債の一部の消滅を認識する場合には、当該金融資産又は金融負債全体の時価に対する消滅部分の時価と残存部分の時価の比率により、当該金融資産又は金融負債の帳簿価額を消滅部分と残存部分の帳簿価額に按分して計算する。

オ．金融資産又は金融負債の消滅に伴って新たな金融資産又は金融負債が発生した場合には、当該金融資産又は金融負債は時価により計上する。

   1．1個   2．2個   3．3個   4．4個   5．5個

91 金融商品の評価(1)

「金融商品に関する会計基準」における有価証券の評価に関する次のア〜エの記述のうち、正しいものが二つある。その記号の組み合わせを一つ選びなさい。

ア．売買目的有価証券は、時価をもって貸借対照表価額とし、評価差額は当期の損益として処理する。

イ．関連会社株式は、償却原価をもって貸借対照表価額とする。

ウ．売買目的有価証券、満期保有目的の債券、子会社株式及び関連会社株式以外の有価証券（その他有価証券）は、時価をもって貸借対照表価額とし、評価差額は切り放し方式に基づき、評価差額の合計額を純資産の部に計上するか、時価が取得原価を上回る銘柄に係る評価差額は純資産の部に計上し、時価が取得原価を下回る銘柄に係る評価差額は当期の損失として処理するかのいずれかの方法により処理する。

エ．市場価格のない株式等は、取得原価をもって貸借対照表価額とする。

1．アイ　　2．アウ　　3．アエ　　4．イウ　　5．イエ　　6．ウエ

92 金融商品の評価(2)

「金融商品に関する会計基準」における金融商品の評価に関する次のア〜エまでの記述のうち、正しいものが二つある。その記号の組み合わせを一つ選びなさい。

ア．受取手形、売掛金、貸付金その他の債権の貸借対照表価額は、取得価額から貸倒見積高に基づいて算定された貸倒引当金を控除した金額とする。ただし、債権を債権金額より低い価額又は高い価額で取得した場合において、取得価額と債権金額との差額の性格が金利の調整を認められるときは、償却原価法に基づいて算定された価額から貸倒見積高に基づいて算定された貸倒引当金を控除した金額としなければならない。

イ．支払手形、買掛金、借入金その他の債務は債務額をもって貸借対照表価額とする。

ウ．デリバティブ取引により生じる正味の債権及び債務は、時価をもって貸借対照表価額とし、評価差額はいかなる場合においても、当期の損益として処理する。

エ．満期保有目的の債券、子会社株式及び関連会社株式並びにその他有価証券のうち、市場価格のない株式等以外のものについて時価が著しく下落したときには、回復する見込があると認められる場合を除き、時価をもって貸借対照表価額とし、評価差額は当期の損失として処理しなければならない。なお、この場合には当該評価切り下げ前の金額をもって翌期首の取得原価とする。

1．アイ　　2．アウ　　3．アエ　　4．イウ　　5．イエ　　6．ウエ

93 貸倒見積高の算定

「金融商品に関する会計基準」における貸倒見積高の算定に関する次のア〜エまでの記述のうち、正しいものが二つある。その記号の組み合わせを一つ選びなさい。

ア．一般債権については、債権全体又は同種・同類の債権ごとに、債権の状況に応じて求めた業種ごとの法定貸倒繰入率により貸倒見積高を算定する。

イ．貸倒懸念債権については、債権の状況に応じて、債権額から担保の処分見込額及び保証による回収見込額を減額し、その残額について債務者の財政状態及び経営成績を考慮して貸倒見積高を算定する方法か、債権の元本の回収及び利息の受取りに係るキャッシュ・フローを合理的に見積もることができる債権については、債権の元本及び利息について元本の回収及び利息の受取りが見込まれるときから当期末までの期間にわたり当初の約定利子率で割り引いた金額の総額と債権の帳簿価額との差額を貸倒見積高とする方法かの、いずれかの方法により貸倒見積高を算定する。

ウ．破産更生債権等については、その債権額の全体を貸倒見積高とする。

エ．債務者から契約上の利払日を相当期間経過しても利息の支払を受けていない債権については、すでに計上されている未収利息を当期の損失として処理するとともに、それ以後の期間に係る利息を計上してはならない。

　　1．アイ　　　2．アウ　　　3．アエ　　　4．イウ　　　5．イエ　　　6．ウエ

94 ヘッジ会計

「金融商品に関する会計基準」におけるヘッジ会計に関する次のア～エまでの記述のうち、正しいものが二つある。その記号の組み合わせを一つ選びなさい。

ア．予定取引中、未履行の確定契約に係る取引はヘッジ対象になるが、将来実行される可能性が極めて高くても契約等が締結されていない取引はヘッジ対象にならない。

イ．ヘッジ会計は、原則として、ヘッジ対象である資産又は負債に係る相場変動等を損益に反映させることにより、その損益とヘッジ手段に係る損益とを同一の会計期間に認識する方法による。

ウ．ヘッジ会計の要件が充たされなくなったときには、原則としてヘッジ会計の要件が充たされていた間のヘッジ手段に係る損益又は評価差額は、ヘッジ対象に係る損益が認識されるまで引き続き繰り延べる。

エ．ヘッジ会計は、ヘッジ対象が消滅したときに終了し、繰り延べられているヘッジ手段に係る損益又は評価差額は当期の損益として処理しなければならない。

1．アイ　　2．アウ　　3．アエ　　4．イウ　　5．イエ　　6．ウエ

95 複合金融商品

　「金融商品に関する会計基準」における複合金融商品に関する次のア～エまでの記述のうち、正しいものが二つある。その記号の組み合わせを一つ選びなさい。

ア．転換社債型新株予約権付社債の取得者側においては、その取得価額を社債の対価部分と新株予約権の対価部分とに区分して処理する。

イ．転換社債型新株予約権付社債以外の新株予約権付社債の発行者側においては、社債の対価部分については負債の部に計上し、新株予約権の対価部分についても、仮勘定として負債の部に計上する。

ウ．転換社債型新株予約権付社債以外の新株予約権付社債の取得者側においては、社債の対価部分は、普通社債の取得に準じて処理し、新株予約権の対価部分は、有価証券の取得として処理する。

エ．契約の一方の当事者の払込資本を増加させる可能性のある部分を含まない複合金融商品は、原則として、それを構成する個々の金融資産又は金融負債とに区分せず一体として処理する。

　　1．アイ　　2．アウ　　3．アエ　　4．イウ　　5．イエ　　6．ウエ

第22章 外貨換算会計

問題編

96 取引発生時の処理

「外貨建取引等会計処理基準」に関する次のア～オまでの記述のうち、正しいものの組み合わせを一つ選びなさい。

ア．外貨建取引とは、売買価額その他取引価額が外国通貨で表示されている取引をいう。したがって、国内の製造業者等が商社等を通じて輸出入取引を行う場合に、当該輸出入取引によって商社等に生ずる為替リスクを当該製造業者等が実質的に負担するとしても、当該輸出入取引は外貨建取引に該当しない。

イ．外貨建金銭債権債務とは、契約上の債権額又は債務額が外国通貨で表示されている金銭債権債務をいい、外貨預金もこれに含まれる。したがって、外国通貨と外貨預金はすべて決算時の為替相場により円換算されることになる。

ウ．外貨建取引について当該取引発生時の外国通貨により記録することが合理的と認められる場合には、取引発生時の外国通貨の額をもって記録することもできる。ただし、この場合であっても、当該外貨建取引は一定期間ごとに円換算しなければならない。

エ．取引発生時の為替相場としては、取引が発生した日における直物為替相場又は合理的な基礎に基づいて算定された平均相場、例えば取引の行われた月又は半期等を算定期間とする平均相場による。

オ．決算時の為替相場としては、決算日の直物為替相場によるものとし、決算日

の前後一定期間の直物為替相場に基づいて算出された平均相場を用いることは
できない。

1．アエ　　2．アオ　　3．イウ　　4．イエ　　5．ウオ

97 決算時の処理

「外貨建取引等会計処理基準」に関する次のア〜オまでの記述のうち、正しいものを一つ選びなさい。

ア．外貨建金銭債権債務については決算時の為替相場による円換算額を付する。そのため、外貨建金銭債権債務に償却原価法を適用する場合における償却額は、外国通貨による償却額を決算時の為替相場により円換算した額による。

イ．満期保有目的の外貨建債券に係る受取外貨額を円転せずに、外貨による固定資産の取得に再投資する場合には、外貨建債券の換算差額を繰り延べ、当該固定資産の取得価額に加減することができる。

ウ．満期保有目的の外貨建債券については、金銭債権との類似性を考慮して決算時の為替相場により換算する。これに対して、満期保有目的の外貨建債券以外の外貨建有価証券については、その円貨額による時価評価額を求める過程としての換算であることから、すべて外国通貨による時価を決算時の為替相場により円換算する。

エ．外貨建有価証券について実質価額の著しい低下により評価額の引下げが求められる場合におけるその実質価額は、外国通貨による実質価額を取得時の為替相場により円換算した額による。

オ．売買目的有価証券、満期保有目的の債券、子会社株式及び関連会社株式以外の有価証券（その他有価証券）について、決算時の為替相場による換算を行ったことによって生じた換算差額は、必ず貸借対照表上純資産の部に計上される。

    1．ア   2．イ   3．ウ   4．エ   5．オ

98 外貨建金銭債権債務の換算等、ヘッジ会計

「外貨建取引等会計処理基準」における外貨建金銭債権債務等に係る為替予約等に関連する次のア～オまでの記述のうち、誤っているものが二つある。その記号の組み合わせを一つ選びなさい。

ア．ヘッジ対象である外貨建金銭債権債務が決算時の為替相場で換算され、かつ、ヘッジ手段である為替予約等も時価評価されている場合には、本来、特別なヘッジ会計の処理は必要とされない。

イ．現行制度会計上、為替予約が締結された場合には、ヘッジ会計が適用されなければならず、その会計処理には独立処理と振当処理とが考えられる。

ウ．外貨建満期保有目的債券と同様に、外貨建その他有価証券について、ヘッジ会計の要件を充たす場合には為替予約の振当処理が認められる。

エ．ヘッジ会計の要件を充たす為替予約の会計処理として、繰延ヘッジを採用した後で振当処理へ変更することは認められない。

オ．子会社に対する持分への投資をヘッジ対象としたヘッジ手段から生じた為替換算差額については、為替換算調整勘定に含めて処理することができる。

　　1．アエ　　　2．アオ　　　3．イウ　　　4．イエ　　　5．ウオ

99 在外支店の財務諸表項目の換算

「外貨建取引等会計処理基準」における在外支店の財務諸表項目の換算に関する次のア～オまでの記述のうち、明らかに誤っているものはいくつあるか、一つ選びなさい。

ア．在外支店の外貨表示財務諸表項目の換算は、原則として本店と同様の方法によるものとされる。これは在外支店の財務諸表は本店の個別財務諸表の構成要素となることから、本店の外貨建項目の換算基準と整合的であることが望ましいという考え方に基づくものである。

イ．在外支店の外貨表示財務諸表項目の換算は、原則として本店と同様の方法によるものとされるが、すべての財務諸表項目について期中平均相場で換算する方法によることも容認されている。

ウ．在外支店の外貨表示財務諸表項目の換算にあたり、非貨幣性項目の額に重要性がない場合には、本店勘定等を除くすべての貸借対照表項目について決算時の為替相場による円換算額を付することも容認されている。

エ．本店と異なる方法により換算することによって生じた換算差額は、当期の為替差損益として処理するか又は為替換算調整勘定として処理する。

オ．在外子会社か在外支店かは法的な形式の違いにすぎず、いずれも経済的に単一の組織を構成している点で変わりはないため、現行の会計基準上は換算の方法も同一であることが要求されている。

    1．0個   2．1個   3．2個   4．3個   5．4個

100 在外子会社等の財務諸表項目の換算

「外貨建取引等会計処理基準」における在外子会社等の財務諸表項目の換算に関する次のア〜オまでの記述のうち、正しいものを一つ選びなさい。

ア．在外子会社の収益及び費用の換算については、当期純利益は決算時に確定されたものであるとする観点からは決算時の為替相場により換算すべきであり、他方、当期純利益は一期間にわたって生じたものであるとする観点からは期中平均相場により換算すべきことになる。外貨建取引等会計処理基準では原則として前者の立場によっている。

イ．親会社との取引による収益及び費用の換算については、親会社が換算に用いる為替相場による。この場合に生じる差額は為替換算調整勘定として処理される。

ウ．在外子会社の資産及び負債の換算については、原則として決算時の為替相場により換算されるが、期中平均相場により換算することも容認される。

エ．在外子会社の資本については、連結財務諸表を作成する過程で投資と資本の相殺消去が行われることから、すべて親会社の株式取得時の為替相場による円換算額を付する。

オ．換算によって生じた換算差額については、為替換算調整勘定として処理される。この為替換算調整勘定について、貸借対照表上資産の部又は負債の部に記載する方法と、純資産の部に記載する方法とが考えられるが、現行の制度会計上、後者の方法によることとされている。

　1．ア　　2．イ　　3．ウ　　4．エ　　5．オ

解答・解説編

第1章

財務諸表論の基礎概念

解答・解説編

1 概念フレームワーク(1)

《解答》 6

《解説》

ア．誤り。

　　投資家は経営者により開示された情報を利用して、自己の責任で将来の企業成果を予想し、現在の企業価値を評価する。会計情報は企業価値の推定に資することが期待されているが、企業価値それ自体を表現するものではない。企業価値を主体的に見積もるのはみずからの意思で投資を行う投資家であり、会計情報には、その見積もりにあたって必要な、予想形成に役立つ基礎を提供する役割だけが期待されている。したがって、経営者に求められる役割は、原則として、企業の投資のポジション（ストック）とその成果（フロー）に関する事実としての情報を開示することにあり、経営者が主観的に見積もった企業価値の情報開示は求められていない（討議資料『財務会計の概念フレームワーク』「財務報告の目的」第2項、第7項、第8項、第16項）。

イ．誤り。

　　財務報告の目的を達成するにあたり、会計情報に求められる最も基本的な特性は、意思決定との関連性ではなく、意思決定有用性である（討議資料『財務会計の概念フレームワーク』「会計情報の質的特性」第1項）。

ウ．正しい。

　　討議資料『財務会計の概念フレームワーク』「会計情報の質的特性」第6項。

エ．正しい。

討議資料『財務会計の概念フレームワーク』「財務報告の目的」第11項。

2 概念フレームワーク(2)

《解答》 5

《解説》

ア．誤り。

　情報の非対称性を緩和するための会計情報や、その内容を規制する会計基準は、市場が効率的であれば不要になるわけではない。市場の効率性は、提供された情報を市場参加者が正しく理解しているか否か、市場価格はそれを速やかに反映するか否かに関わる問題であり、何を開示するかという「情報の中身」は効率性とは別問題である。市場参加者の合理的な行動と効率的市場を前提としても、開示すべき会計情報の内容については、なお会計基準による規制が必要である（討議資料『財務会計の概念フレームワーク』「財務報告の目的」第14項）。

イ．正しい。

　討議資料『財務会計の概念フレームワーク』「会計情報の質的特性」第16項。

ウ．誤り。

　内的整合性は、現行基準の体系と矛盾しない個別基準を採用するよう要請するものであり、特定の会計手続が毎期継続的に適用されることを要請する首尾一貫性とは異なる（討議資料『財務会計の概念フレームワーク』「会計情報の質的特性」第9項、第19項）。

エ．正しい。

　わが国の概念フレームワークでは、会計主体について言及されていないが、資本主理論を所与としている。

3 概念フレームワーク(3)

《解答》 1

《解説》

ア．正しい。

『財務会計の概念フレームワーク』は、将来の基準開発に指針を与える役割を有するため、既存の基礎的な前提や概念を要約するだけでなく、吟味と再検討を加えた結果が反映されている。したがって、『財務会計の概念フレームワーク』の内容には、現行の会計基準の一部を説明できないものや、いまだ基準化されていないものが含まれている。

ただし、『財務会計の概念フレームワーク』は個別具体的な会計基準の新設・改廃をただちに提案するものではなく、その役割は、あくまでも基本的な指針を提示することにある（討議資料『財務会計の概念フレームワーク』前文）。

イ．正しい。

『財務会計の概念フレームワーク』では、資産と負債に独立した定義を与え、そこから純資産と包括利益の定義を導き、それとは別に純利益に定義を与え、純利益と関連させて収益と費用の定義を導出している（討議資料『財務会計の概念フレームワーク』「財務諸表の構成要素」序文）。これは、資産負債アプローチと収益費用アプローチのいずれか一方によってのみ、会計制度における計算構造が成り立っているわけではないとの認識に基づいている。

ウ．誤り。

投資家による将来キャッシュ・フローの予測には、投資の成果を表す利益の絶対的な大きさのみならず、それを生み出す投資のストックと比較した収益性（あるいは効率性）も重視されている（討議資料『財務会計の概念フレームワーク』「財務報告の目的」第3項）。

エ．誤り。

事実あるいは実績を開示するという財務報告の目的に照らした場合であっても、主観的な見積りを事実の代理とするしかない状況においては、利用価値による測定が意味を持つ（討議資料『財務会計の概念フレームワーク』「財務報告の目的」第8項、「財務諸表における認識と測定」第22項）。

4 企業会計制度と会計基準

《解答》 2

《解説》

ア．正しい。

　会社法会計において、会社法および会社計算規則に規定されていない会計に関する事項については、「一般に公正妥当と認められる企業会計の慣行」に基づき処理されることとなる（「会社法」第431条）。これには、企業会計審議会または企業会計基準委員会から公表された会計基準や、日本公認会計士協会から公表された実務指針などが含まれる。

イ．誤り。

　金融商品取引法は、各種利害関係者間の利害の調整を行うためではなく、投資家の意思決定に有用な情報を提供するためにディスクロージャー制度を設けている。

ウ．正しい。

　「企業会計原則」は、企業会計の実務の中に慣習として発達したもののなかから、一般に公正妥当と認められたところを要約して作成されたものであり、帰納的アプローチによって形成された会計基準といえる。

エ．誤り。

　企業会計基準委員会（ASBJ）が作成する企業会計基準は、正規の手続き（デュープロセス）を経て公表されるが、企業会計審議会の承認を受けることは求められていない。

5 会計基準の国際化

《解答》 2

《解説》

ア．正しい。

　会計基準の国際的なコンバージェンス（収斂）とは、国内基準と国際基準の

主要な差異を調整することにより、どちらの基準に基づく財務諸表を利用しても同一の意思決定結果に到達するレベルにまで、国内基準と国際基準を実質的に合致させることをいう。

イ．誤り。

指定国際会計基準特定会社は、指定国際会計基準に従い連結財務諸表を作成することができるものとされている（「連結財務諸表規則」第1条の2、第93条）。また、連結財務諸表を作成していない指定国際会計基準特定会社については、日本基準に基づく財務諸表に加えて、指定国際会計基準によって財務諸表を作成することが認められている（「財務諸表等規則」第1条の2の2、第129条）。

ウ．正しい。

エンドースメントとは、IASBにより公表された会計基準等について、わが国で受け入れ可能か否かを判断したうえで、必要に応じて、一部の会計基準等について「削除または修正」して採択する仕組みをいう。

エ．誤り。

エンドースメント手続を行ううえでは、多くの「削除または修正」が行われた場合、市場関係者に修正国際基準がIFRSから派生したものとして受け止められない可能性があること等から、「削除または修正」を最小限とすることが適切と考えられている。

6 利益概念

《解答》 1

《解説》

ア．正しい。

収益費用アプローチの会計課題は、企業活動の効率性の把握である。営利企業であれば、その目的は利益の獲得であるから、努力の数値である費用と成果の数値である収益との差額である利益が営利企業により遂行された企業活動の効率性の尺度である。ここでは、努力した結果として生み出された成果を表現

する収益と当該収益を生み出すために投下された努力を表現する費用とを、同一の会計期間にいかに認識するかが最大の関心事であるため、費用と収益の対応が最も重要な基礎概念となる。

イ．正しい。

　資産負債アプローチの会計課題は、企業の豊かさ（富）の把握である。決算日という一定時点の豊かさ（富）の量はそのプラス要因である資産とマイナス要因である負債の在り高の差額、つまり純資産額として把握される。利益は期首と期末の純資産額の変動として把握されるが、あくまでも会計の主要課題は企業の豊かさを示す純資産額の計算である。つまり、利益は豊かさの計算に付随して副産物として計算されるに過ぎない集約値である。

ウ．誤り。

　財産法は、ある会計期間の期末純資産額から期首純資産額を差し引くことにより損益計算を行う計算方式である。この方法は、期間損益をストックの面から総括的に計算する方法であるから、その金額を総額として把握するにとどまり、その発生原因を明らかにすることができない。そのため、損益の原因分析による経営効率の判定のためには有効ではないという欠点を有する。

エ．誤り。

　物価変動がもたらす資産の増減変動額は、これを資本修正とする見方と損益とする見方とがある。前者は、実質資本維持もしくは実物（実体）資本維持の概念に基づき、後者は名目資本維持概念に基づくものである。現行制度は名目資本維持概念に基づくことから、当該差額は損益とされる。

7 会計公準、会計主体論

《解答》 2

《解説》

ア．正しい。

　会計の対象範囲がグループ化されるものとして連結財務諸表が挙げられ、逆に細分化されるものとして経営管理の必要性から部門ごとに業績が測定される

場合における個々の部門が挙げられる。

イ．誤り。

　企業実体の公準とは、出資を受けた企業が出資者から独立して、企業に関するものだけを記録・計算するという前提であり、この企業と出資者の関係をいかに解釈し、会計を判断する主体を何にするのかによって、どちらの基本等式も成立しうる。

ウ．正しい。

　企業が事業を継続的に行っていくということを前提としないならば、償却性資産を原価で記録し、その価値減少を認識する会計処理を行うことに合理性はないことになる。

エ．正しい。

　企業の経済活動及びこれに関連する経済事象について、その貨幣的測定が不可能ないし困難である場合には、企業会計上、当該活動及び事象は認識されない（ないしは当該活動及び事象を認識できない）ことになる。

オ．正しい。

　企業を株主や債権者等の利害関係者とは別個の独立した存在としてとらえ、会計の立場も企業それ自体に求める企業主体理論においては、債権者が拠出した他人資本（負債）は、出資者の拠出額を中心とする自己資本（資本）と合わせて資産の形で運用されている。したがって、負債は、負の資産（消極財産）としてではなく、企業資本の調達源泉として位置づけられるため、資本（自己資本）に対する他人資本として、両者は同質的な性格のものとみなされる。

8　一般原則(1)

《解答》　1

《解説》

ア．正しい。

　　真実性の原則以外の一般原則と損益計算書原則及び貸借対照表原則が守られ
るとき、企業会計における真実が達せられることになる。

イ．正しい。

　　真実性の原則における真実とは相対的なものであり、すなわち複数の処理・
表示が認められることより、その結果としての財務諸表上の開示も複数のもの
が考えられうる。

ウ．誤り。

　　正規の簿記の原則における正規の簿記の要件を満たすものであれば、その記
帳技術は複式簿記のみに限定されるものではなく、単式簿記も正規の簿記とい
うことができる。

エ．誤り。

　　利益剰余金を資本剰余金とすることは、処分可能な企業資金を維持拘束され
るべき企業資金に振り替えることであるが、そのような結果、企業の正しい財
政状態表示などを阻害することになり、是認されるべきではない。

9 一般原則(2)

《解答》 2

《解説》

ア．正しい。

　　財務諸表の明瞭表示に際しては、重要性の乏しいものについての重要性の原則の適用による簡便な表示が認められる。また、財務諸表上の重要項目について、附属明細表が作成される。これらは、いずれも詳細性と概観性の両面を踏まえたうえでの調整のための方法であると考えられる。

イ．誤り。

　　売掛金と貸倒引当金を相殺して、相殺後の売掛金残高を表示することは、貸倒引当金の額の注記を条件として認められている（「企業会計原則注解」注17）。

ウ．正しい。

　　継続性の原則は、1つの取引や経済的事実について、複数の会計処理方法が認められていることを前提としている（経理自由の原則）。しかし、経理の自由が認められるからといって、企業が毎期自由勝手に適当な会計手続を選び、手続を恣意的に変更することは許されない。それは継続性の原則が守られないことに他ならず、したがって、継続性の原則が経理自由の原則に対する制約条件として機能しているといえるのである。

エ．誤り。

　　「企業会計原則」は、会計方針のうち重要なものの注記を要求している。また、代替的な会計方針が認められていない場合には、注記を省略することが容認されている。したがって、すべての会計方針の注記を要求しているわけではない（「企業会計原則注解」注1-2）。

10 一般原則(3)

《解説》

ア．正しい。

　　保守的な経理とは、資産の減少、負債の増加、収益の減少及び費用の増加を促すものであり、減価償却の方法に定率法を採用すること、繰延資産を発生時の費用として処理することは、いずれも保守主義の原則の適用例であるといえる。

イ．誤り。

　　保守主義の原則は、適度な範囲において、計上される利益を少なめに計上することを要請するものであるが、このことは、いわゆる逆粉飾も適度であれば認められるということではなく、一般に公正妥当と認められる方法の中で、保守的な方法を選択してもよいとする会計政策によるものである。

ウ．正しい。

　　単一性の原則は、株主総会提出のため、信用目的のため等、異なる目的で財務諸表を作成する必要がある場合、様々な形式による財務諸表が作成されることを認めるものであるが、それらの基となる会計帳簿は唯一でなければならないとする、形式多元・実質一元、すなわち二重帳簿の禁止を要求する原則である。

エ．正しい。

　　重要性の原則が認められるのは、厳密な会計処理や表示の実行に伴うコストと、そのような厳密な財務諸表から得られるベネフィットを比較して、コストがベネフィットを上回り、かつ企業の状況に関する利害関係者の判断を誤らせない範囲に限定されるものである。

オ．誤り。

　　分割返済の定めのある長期の債権のうち、期限が1年以内に到来するもので重要性の乏しいものについて、固定資産として表示する場合は、重要性の原則の表示面における適用ではあるが、この場合においては簿外資産は生じない。

第 3 章
損益計算

解答・解説編

11 収益と費用

《解答》 5

《解説》

ア. 誤り。

　利益を増加させる要素を収益と利得に分け、利益を減少させる要素を費用と損失に分ける考え方もあるが、それらを細分して独立の要素とみなければならないほど、根源的な相違があるとは考えられないため、討議資料「財務会計の概念フレームワーク」では、収益と利得、費用と損失を特に区別することなく一括して収益、費用と称している（討議資料「財務会計の概念フレームワーク」第3章・第25項）。

イ. 正しい。

　討議資料『財務会計の概念フレームワーク』「財務諸表の構成要素」脚注13。

ウ. 誤り。

　財やサービスを継続的に提供する契約が存在する場合、相手方による契約の履行（代金の支払）が確実視されるときは、報告主体が契約を部分的に履行しただけで、相手方の履行を待たずに契約価額の一部を収益として計上することができる（討議資料『財務会計の概念フレームワーク』「財務諸表における認識と測定」第46項）。例えば、貸付金等の利息収益については、相手方による契約の履行がなされない段階で契約価額の一部を収益として計上することが認められる。

エ. 正しい。

費用を支出時点との関連の観点から分類した場合、既支出費用、支出費用、未支出費用の３つに分類されるが、支出費用に分類される水道光熱費であっても、それが製品を製造するためのものであれば、当該製品が販売されるまで仕掛品や製品の原価として資産に含められるため、当期に行われた支出部分がそのまま期間費用として認識されない場合がある。

12 当期業績主義と包括主義

《解答》 5

《解説》

ア．誤り。

当期業績主義損益計算書において算定表示される最終利益は、臨時損益を算定要素に含んでいない。しかし、財産法により算定される利益は、純財産の増加の原因別の把握を行わないことから、必然的に当期業績主義損益計算書において算定表示される最終利益と、財産法により算定される利益とは等しい大きさとはならないことになる。

イ．正しい。

現行の企業会計原則における損益計算書は臨時損益をもその計算対象に含めていることから、基本的には包括主義損益計算書といえる。しかしながら、経常利益の算定表示により、企業の正常収益力を知ることもできるため、当期業績主義の利点をも有しているといえる。

ウ．誤り。

現行の公表会計制度のもとにおける収益の認識は実現主義を原則としており、費用の測定は支出（原価）を基礎に行われる。これは、企業会計における利益計算が、本質的には投下資本（原価）の期間計算的な回収（実現）余剰の意味における分配可能利益の計算を前提としているからにほかならない。このような前提を鑑みた場合、当期業績主義の損益計算書よりも、分配可能利益の表示に究極の狙いをおく損益計算書である包括主義の損益計算書の方が理論的であるといえる。

エ．正しい。

　一致の原則とは、期間利益の客観性を証明するための定理であるが、それは包括主義損益計算書でなければ達し得ないことから、その採用理由の１つとされることがある。

13 期間損益計算の基本原則

《解答》 5

《解説》

ア．誤り。

　収益認識基準としての実現主義は、利益の処分可能性を考慮したものではあるが、同時に利益のもつ業績指標性をも考慮しているものである。

イ．正しい。

　発生主義の適用の典型例として、経過勘定項目があげられる（「企業会計原則」第二・一Ａ）。

ウ．誤り。

　収支額基準は、収益及び費用の測定原則ではあるが、その収入額及び支出額は当期のものに限定されない。

エ．正しい。

　費用収益対応の原則は、一般に発生費用の中から期間費用を切り取るために作用する原則として、発生主義を補完する機能を有するものといえる。

14 収益認識基準(1)

《解答》 1

《解説》

ア．正しい。

　「収益認識に関する会計基準」第５項、第19項、第20項。

イ．正しい。

「収益認識に関する会計基準」第9項、第68項、第69項。

ウ．誤り。

　　履行義務の充足に係る進捗度を合理的に見積ることができないが、当該履行
義務を充足する際に発生する費用を回収することが見込まれる場合には、履行
義務の充足に係る進捗度を合理的に見積ることができる時まで、一定の期間に
わたり充足される履行義務について原価回収基準により処理する（「収益認識
に関する会計基準」第44項、第45項）。

エ．誤り。

　　契約資産とは、企業が顧客に移転した財またはサービスと交換に受け取る対
価に対する企業の権利であるが、顧客との契約から生じた債権（対価に対する
法的な請求権）は除かれる（「収益認識に関する会計基準」第10項）。

15 収益認識基準(2)

《解答》 2

《解説》

ア．正しい。

　　「収益認識に関する会計基準」第35項。

イ．誤り。

　　顧客と約束した対価のうち変動する可能性のある部分を変動対価という。変
動対価の額の見積りにあたっては、発生し得ると考えられる対価の額における
最も可能性の高い単一の金額（最頻値）による方法または発生し得ると考えら
れる対価の額を確率で加重平均した金額（期待値）による方法のいずれかのう
ち、企業が権利を得ることとなる対価の額をより適切に予測できる方法を用い
る（「収益認識に関する会計基準」第50項、第51項）。

ウ．正しい。

　　「収益認識に関する会計基準」第57項。

エ．誤り。

　　企業が商品または製品を返品権付きで販売する場合、顧客から受け取ったま

たは受け取る対価の額のうち、企業が権利を得ると見込まない額（予想される返品部分）に関しては、販売時に収益を認識せず、返金負債を認識する（「収益認識に関する会計基準」第53項）。

16 内部利益、役員賞与

《解答》5

《解説》

ア．誤り。

　内部利益とは、原則として、本店、支店、事業部等の企業内部における独立した会計単位相互間の内部取引から生ずる未実現の利益をいう。したがって、会計単位内部における原材料、半製品等の振替から生じる振替損益は内部利益に含まれない（「企業会計原則注解」注11）。

イ．正しい。

　「企業会計原則注解」注11。

ウ．誤り。

　当期の業績に応じて役員賞与を支給する場合、定時株主総会の決議事項とする金額またはその見込額を、原則として、役員賞与引当金に計上しなければならない（「役員賞与に関する会計基準」第13項）。

エ．正しい。

　「役員賞与に関する会計基準」第13項。

第 4 章
貸借対照表総論

《解答・解説編》

17 貸借対照表の本質と完全性の原則

《解答》 2

《解説》

ア．誤り。

　　開業貸借対照表は企業の創立時に作成される貸借対照表であり、清算貸借対
照表は企業の清算開始時点で作成される貸借対照表である。これらは、決算貸
借対照表とは異なり、企業の創立時、清算開始時における財産状態の表示を目
的とするものであり、損益計算を意図するものではないことから、静的な性格
を有し、財産目録を基にして資産を時価評価することにより作成される。

イ．正しい。

　　誘導法は、複式簿記の記録を基礎として作成された会計帳簿に基づいて貸借
対照表を作成する方法であるため、組織的な帳簿記録が必要とされる。一方、
棚卸法は、期末に実在する資産および負債を実地調査し、その結果を列挙した
財産目録に基づいて貸借対照表を作成する方法であるため、組織的な帳簿記録
は必要とされない。

ウ．誤り。

　　貸借対照表につき、これを継続企業を前提とした期間収支計算と期間損益計
算とのズレとしての未解消項目を収容する場所とみた場合であっても、例えば、
リース資産、デリバティブ取引から生じる正味の債権などのオンバランス化は
不可能である。

エ．誤り。

貸借対照表完全性の原則には、網羅性の原則と実在性の原則の2つの意味が込められているが、重要性の原則の適用により生ずる簿外資産・負債は、網羅性の原則における例外として容認されることになる。

オ．正しい。

　　貸借対照表を中心として、貸借対照表と損益計算書との関係をとらえれば、損益計算書は期首と期末の貸借対照表に記載された自己資本の変化の原因を表しており、貸借対照表中で示される利益の附属明細表的機能を有し、損益計算書を中心として両者の関係をとらえれば、期末の貸借対照表は次期に繰り越されるストック項目を収容する連結帯（連結環）であるとみることができる。

18 貸借対照表の表示原則

《解答》 3

《解説》

ア．正しい。

　　貸借対照表上、資産は、流動資産、固定資産および繰延資産に分類される（「企業会計原則」第三・二）。この分類は財政状態を理解するための財務流動性の観点からの表示上の分類である。したがって、損益計算とは関連がない。

イ．誤り。

　　企業会計原則では、原則として流動性配列法を採用することとしている（「企業会計原則」第三・三）が、電力会社など固定設備が膨大な業種については、固定性配列法も認められる。

ウ．誤り。

　　企業の正常な営業循環過程内において発生するものであれば、1年基準に照らすことなく、流動資産又は流動負債とされる。

エ．正しい。

　　「企業会計原則」第三・四㈡A、B。

第 5 章
資産及び負債の概念

19 資産の概念

《解答》 4

《解説》

ア．誤り。

　前渡金は、通常の取引に基づいて発生する商品、原材料等の前もって支払われた手付金をいい、企業資本の循環過程において、すでに回収されたかあるいは現在回収過程又は投下待機過程にあるものではなく、貨幣性資産には該当しない。

イ．誤り。

　資産を、「過去の取引又は事象の結果として、報告主体が支配している経済的資源」と定義した場合、自己創設のれんはこの定義に当てはまる。現行の制度会計上、自己創設のれんの計上が認められないのは、自己創設のれんの計上は、経営者による企業価値の自己評価・自己申告を意味するため、財務報告の目的に反するからである（討議資料『財務会計上の概念フレームワーク』「財務諸表の構成要素」脚注14）。

ウ．正しい。

　資産の定義を充足した各種項目が、財務諸表上で認識対象となるためには、契約の履行とともに、一定程度の発生の可能性（蓋然性）が求められる。一定程度の発生の可能性（蓋然性）とは、財務諸表の構成要素に関わる将来事象が、一定水準以上の確からしさで生じると見積もられることをいう（討議資料『財務会計の概念フレームワーク』「財務諸表における認識と測定」第6項）。

エ．誤り。

　制度会計における資産を、過去の取引又は事象の結果として、報告主体が支配している経済的資源であり、かつ貨幣額で合理的に測定できるものと定義した場合、リース資産、デリバティブ取引から生じる正味の債権などについては、貸借対照表に計上することが可能であるが、人的資源については、貨幣額で合理的に測定できるものではないことから、貸借対照表に計上することは不可能である。

オ．誤り。

　いわゆる臨時巨額の損失は、企業会計原則において資産計上することが認められているが、これは政策的配慮による巨額損失の分散を目的とするものであり、経済的資源ではない。したがって、資産を、過去の取引又は事象の結果として報告主体が支配している経済的資源であり、かつ貨幣額で合理的に測定できるものと定義した場合であっても、これについてはそのオンバランスの説明が可能であるとはいえない。

20 負債の概念

《解答》 1

《解説》

ア．正しい。

　討議資料『財務会計の概念フレームワーク』「財務諸表の構成要素」第5項、脚注4。

イ．正しい。

　わが国の現行制度会計上、貸借対照表の負債に記載されている項目の中には、繰延収益や債務性のない引当金（修繕引当金など）が含まれている。これらの項目は、「過去の取引又は事象の結果として、報告主体が支配している経済的資源を放棄もしくは引き渡す義務、またはその同等物」という負債の定義に当てはまらない。

ウ．誤り。

負債を、「過去の取引又は事象の結果として、報告主体が支配している経済的資源を放棄もしくは引き渡す義務、またはその同等物」と定義した場合、現物市場における金利・通貨等の原資産の価格や指標に基づいて原資産の交換などを将来時点において行うことを現時点で約束した契約対象、すなわちデリバティブは未履行契約であるが、当該定義を満たすものであり、貸借対照表上負債に計上される。

エ．誤り。

現行制度会計上は、実質的な一元化が図られており、会社法会計と金融商品取引法会計のそれぞれにおいて、貸借対照表に計上される負債の範囲は異なることはない。

21 資産・負債の評価⑴

《解答》 3

《解説》

ア．正しい。

取得原価基準は、貨幣性資産の裏付けのない未実現利益を認識しない点において、収益の認識に関する実現主義と首尾一貫している。しかし、過去の物価水準たる取得原価が費用化され、それが当期の物価水準としての売上収益に対応されることで操業利益だけでなく、保有損益も売上総利益に混在することになる。

イ．誤り。

制度会計上、費用性資産は取得原価基準に基づいて評価されるため、その取得原価は原則として取得に要した対価により決定されることになる。ただし、贈与により取得した場合には、取得に要した対価ではなく、取得資産の時価等を基準とした公正な評価額をもって取得原価とする（「企業会計原則」第三・五Ｆ）。

ウ．正しい。

討議資料『財務会計の概念フレームワーク』「財務諸表における認識と測

定」第9項。

エ．誤り。

　正味実現可能価額は、購買市場と売却市場とが区別される場合において、売却市場で成立している価格から見積販売経費を差し引いたものをいうのであり、売却市場で成立している価格から見積販売経費および正常利益を差し引いたものは、正味実現可能価額ではない（討議資料『財務会計の概念フレームワーク』「財務諸表における認識と測定」第17項）。

オ．正しい。

　討議資料『財務会計の概念フレームワーク』「財務諸表における認識と測定」第23項。

22 資産・負債の評価(2)

《解答》　3

《解説》

ア．誤り。

　資産の測定には、取得原価、再調達原価、正味実現可能価額、利用価値等を用いることができるが、現金受入額は負債の測定値である（討議資料『財務会計の概念フレームワーク』「財務諸表における認識と測定」第2項、第8項、第15項、第17項、第20項、第32項）。

イ．正しい。

　被投資企業の純資産額に基づく額とは、被投資企業の純資産のうち、投資企業の持分に対応する額をいう。現行制度上、被投資企業の純資産額に基づく額を測定値とする例としては、実質価額が著しく低下した市場価格のない株式や持分法が適用された被投資会社株式が挙げられる（討議資料『財務会計の概念フレームワーク』「財務諸表における認識と測定」第28項、脚注9、11）。

ウ．誤り。

　現行制度上、資産除去債務の測定に際して用いられているのは、測定時点で見積った将来のキャッシュ・アウトフローを、その時点における報告主体の信

用リスクを加味した最新の割引率で割り引いた測定値（リスクを調整した割引
率による割引価値）ではなく、測定時点で見積った将来のキャッシュ・アウト
フローを、負債が生じた時点における割引率で割り引いた測定値（将来キャッ
シュフローのみを継続的に見積り直す場合の割引価値）である。

エ．正しい。

　　『財務会計の概念フレームワーク』「財務諸表における認識と測定」第35項。

オ．誤り。

　　自社が発行した社債を将来の償還額ではなく、決算日の市場価格によって貸
借対照表に計上し、その変動額を各期の損益として認識する方法が考えられる。
この考え方によると、自社の倒産可能性が高まることで社債の市場価格が前期
末よりも下落した場合、簿価と時価の差額が負債の評価益として計上され、純
利益が増加（純損失が減少）することになる。

第6章 棚卸資産

解答・解説編

23 棚卸資産の範囲

《解答》 3

《解説》

ア．正しい。

　　棚卸資産は、有形の財貨に限られるものではなく、無形の用役も棚卸資産を構成することがある。例えば、加工のみを委託された場合にあらわれる加工費のみからなる仕掛品、材料を支給された場合にあらわれる労務費、間接費のみからなる半成工事などである（「連続意見書第四」第一・七）。

イ．誤り。

　　不動産業者が販売目的で保有する土地、建物等の法律上の不動産は、通常の販売の対象となる財貨であるから棚卸資産を構成する（「連続意見書第四」第一・七）。

ウ．誤り。

　　事務用消耗品や荷造用品は、販売の対象たる製品に化体しないが、短期的費用財の性格をもつことから、棚卸資産であるとされる（「棚卸資産の評価に関する会計基準」第30項、「連続意見書第四」第一・七）。

エ．正しい。

　　固定資産が本来の用途からはずされ、売却される目的で保有されることになった場合、当該資産は、通常の販売対象となる財貨ではないから、流動資産であるが棚卸資産ではない（「連続意見書第四」第一・七）。

24 棚卸資産の取得原価の決定

《解答》 1

《解説》

ア．正しい。

「連続意見書第四」第一・五1。

イ．正しい。

購入代価に加算する付随費用の範囲は、金額的な重要性等を考慮して決定されるが、棚卸資産がすべて販売された時点における費用額は同じであり、その範囲によって、各期を通算した企業の利益額が相違することはない。

ウ．誤り。

仕入代金の早期支払に伴う支払免除額である仕入割引については、金利の性質を有するため、購入代価から控除せずに営業外収益として取扱われ、たとえ重要性が乏しい場合であっても、購入代価から控除することは認められない。

エ．誤り。

仕入取引であっても、現金仕入の場合には、仕入割引の生ずる余地はない。仕入割引は、仕入行為からではなく、掛仕入に基づく代金決済という財務的な行為に直接関連して生じるものであり、取得原価の決定には影響を及ぼさない。資産の取得原価は購入時に確定するものであり、仕入という営業活動と代金支払いという財務活動は区別しなければならないという観点からは、仕入割引は仕入原価の控除項目ではなく、営業外収益として処理される。

25 棚卸資産の払出単価の計算

《解答》 3

《解説》

ア．正しい。

個別法は、棚卸資産の取得原価を異にするに従い区別して記録し、その個々の実際原価によって払出単価を算定する方法であるから、棚卸資産の物の流れ

と金額計算は、単価の付替等の利益操作がなされなければ一致することになる。

イ．誤り。

　個別法は棚卸資産の払出順序を便宜に操作することにより、恣意的な利益操作を可能とする方法であり、標準規格化された商品や製品の払出単価の計算方法としては適当な方法とはいえない。

ウ．誤り。

　売価還元法を採用している場合においても、期末における正味売却価額が売価還元法により求めた帳簿価額よりも下落している場合には、当該正味売却価額をもって貸借対照表価額とする（「棚卸資産の評価に関する会計基準」第13項）。

エ．正しい。

　期末棚卸品の価額を期末に最も近い受入単価によって算定する最終取得原価法と、期末棚卸品の価額を最も新しく取得されたものからなるとみなして算定する先入先出法は、期末棚卸数量が最終受入数量以下である場合には、計算結果が一致することになる。

26 棚卸資産の評価(1)

《解答》 3

《解説》

ア．正しい。

　取得原価基準の本質を名目上の取得原価で据え置く考え方とみる場合、原価法が原則的な方法であり、低価法は保守主義の思考のもとで認められる例外的な方法と位置付けられる（「棚卸資産の評価に関する会計基準」第35項、第36項）。

イ．誤り。

　棚卸資産に関する低価法の根拠を取得原価主義の適用であるとし、取得原価を回収可能原価と考えるとき、時価の下落は回収可能原価の減少をあらわすから、低価法を適用して回収不能原価部分を当期の損益計算に配分し、回収可能

原価のみを次期に繰り越すべきとされる。したがって、原価法と低価法の選択適用とする取扱いよりも低価法のみの取扱いとする方がより適切である。

ウ．誤り。

収益性が低下した場合における棚卸資産の簿価切下げは、時価基準ではなく、取得原価基準の下で回収可能性を反映させるように、過大な帳簿価額を減額し、将来に損失を繰り延べないために行われる会計処理である（「棚卸資産の評価に関する会計基準」第36項）。

エ．正しい。

「棚卸資産の評価に関する会計基準」第14項。

27 棚卸資産の評価⑵

《解答》 3

《解説》

ア．正しい。

「棚卸資産の評価に関する会計基準」第10項。

イ．誤り。

販売活動および一般管理活動目的で保有する棚卸資産に関しては、当該棚卸資産の価格下落が物理的な劣化または経済的な劣化に起因している場合、収益性の低下に準じて通常の販売目的の棚卸資産と同様に簿価切下げを行うことが適当である（「棚卸資産の評価に関する会計基準」第47項）。

ウ．誤り。

収益性の低下の有無に係る判断および簿価切下げは、原則として個別品目ごとに行うが、同じ製品に使われる材料、仕掛品および製品については、これらを一括りとした単位で行う方が投資の成果を適切に示すことができると判断されるため、継続適用を条件として複数の品目を一括りとした単位で行う（「棚卸資産の評価に関する会計基準」第12項、第53項）。

エ．正しい。

「棚卸資産の評価に関する会計基準」第15項。

第7章 固定資産

28 有形固定資産の定義・分類

《解答》 5

《解説》

ア．誤り。

残存耐用年数が1年以下となった資産は、流動資産とせずに、固定資産に属するものとされる（「企業会計原則注解」注16）。

イ．誤り。

建設仮勘定は、有形固定資産に属するものとされる（「企業会計原則」第三・四(一)B、「財務諸表等規則」第22条）。

ウ．誤り。

稼働中の償却資産であっても、営業の用に供している資産ではないものは、有形固定資産ではなく、投資その他の資産に属するものとされる。

エ．誤り。

有形固定資産に属する営業の用に供する資産には、現に営業の用に供している資産のほか、遊休施設、未稼働設備等が含まれる（「財務諸表等規則ガイドライン」22・1）。

オ．正しい。

「連続意見書第三」第一・六2、「財務諸表等規則」第22条。

29 有形固定資産の取得原価の決定

《解答》 2

《解説》

ア．正しい。

「連続意見書第三」第一・四1。

イ．正しい。

「連続意見書第三」第一・四1。

ウ．正しい。

「連続意見書第三」第一・四2。

エ．誤り。

　有形固定資産を有形固定資産との交換により取得した場合には、交換に供された自己資産の適正な簿価をもって取得原価としなければならない（「連続意見書第三」第一・四4）。

オ．誤り。

　有形固定資産を無償で取得した場合には、時価等を基準とした公正な評価額をもって取得価額とする（「連続意見書第三」第一・四5）。

30 減価償却費の計算要素、評価減

《解答》 3

《解説》

ア．正しい。

　減価償却の計算要素のうち、償却基礎価額は取得原価が用いられるが、残存価額は将来において予想される売却価格又は利用価格であり、償却基準は将来における予想利用可能期間ないし利用可能量である。後者の二つは、将来事象についての見積であり、各企業の実情に応じた合理的判断によって主体的に決定すべきものである。

イ．誤り。

生産高比例法においては耐用年数は用いず、利用度を基準とすることから、
　取得原価、残存価額および耐用年数が揃っていても、当期の実際利用量が判明
　しないと、減価償却の計算は不可能である。

ウ．正しい。

　　「連続意見書第三」第一・八。

エ．誤り。

　　会計上の見積りの変更は、新しい情報によってもたらされるものであり、過
　去の期間の財務諸表に影響を与えるものではないと考えられるため、過去に
　遡って処理せず、その影響は当期以降の財務諸表において認識する（「会計方
　針の開示、会計上の変更及び誤謬の訂正に関する会計基準」第17項、第40項、
　第55項）。

オ．正しい。

　　「連続意見書第三」第一・三。

31 正規の減価償却、減価償却の効果

《解答》 3

《解説》

ア．正しい。

　　「連続意見書第三」第一・二。

イ．誤り。

　　減価償却の最も重要な目的は、適正な費用配分を行うことによって、毎期の
　損益計算を正確ならしめることにあり、自己金融効果は、あくまで減価償却が
　結果的にもたらす効果であって、減価償却の目的そのものではない。

ウ．誤り。

　　自己金融効果とは、減価償却費自体が支出を伴わない費用であるため、取得
　原価として投下されていた資金が、貨幣資産として回収されることによって、
　即時的な再投下を必要としない資金が回収される財務的な効果をいい、回収さ
　れた資金は、そのままの形の貨幣資産として企業内に保有されているとは限ら

ない。

エ．正しい。

　有形固定資産に投下された固定資本は、減価償却という費用配分の方法により、部分的に回収され、企業利益を通して流動化される。これを固定資本の流動化（固定資産の流動化）という。

32 減価償却費の計算方法

《解答》 5

《解説》

ア．正しい。

　定額法の減価償却費は、耐用年数分の１を一定率として、これを要償却額に乗じることで求めることができる。

イ．正しい。

　級数法は、定率法と同様に未償却残高が逓減的に減少する逓減法であり、定率法の簡便法として考案されたものである。

ウ．正しい。

　生産高比例法は、資産の総利用可能量が物理的に確定でき、かつ、減価が主として当該資産の利用に比例して発生する航空機等に適用することが認められる方法である（「企業会計原則注解」注20(4)）。

エ．正しい。

　定率法は、期首未償却残高に一定率を乗じて減価償却費を計上するため、期首の未償却残高が過大である場合には、当期の減価償却費が過大に計算され、逆に期首の未償却残高が過小である場合には、当期の減価償却費も過小に計算されることになる。したがって、年数の経過とともに正当な減価償却費の近似値に自動的に修正していく自動修正能力をもっているといわれる。

オ．誤り。

　定額法、定率法、級数法、生産高比例法のうち、耐用年数の初期に、最も多額の減価償却費が配分されうるのは、定率法か生産高比例法である。

33 減耗償却と取替法

《解答》 5

《解説》

ア．誤り。

　同種の物品が多数集まって一つの全体を構成し、老朽品の部分的取替を繰り返すことにより全体が維持されるような取替資産については、減価償却の代わりに部分的取替に要する費用支出を収益的支出として処理する取替法を適用することが認められているが、強制されているわけではない（「企業会計原則注解」注20）。

イ．正しい。

　廃棄法は旧資産原価を取替時の費用として処理し、新資産原価を資産として計上する方法であるから、棚卸資産の払出単価の計算方法である先入先出法に類似する方法であり、取替法は新資産原価を取替時の費用として処理し、旧資産原価を資産として計上する方法であるから、後入先出法に類似する方法であるといえる。

ウ．誤り。

　取替法は、取替資産の部分的取替に要する費用支出を収益的支出として処理する方法であり、固定資産の取得原価を耐用期間の各事業年度に配分することである減価償却とは異なるものである（「連続意見書第三」第一・六、七）。

エ．正しい。

　減耗性資産は、採取されるに応じてその実体が部分的に製品化されるものであるから、その費用価額は、すべて製品原価を構成するものであり、減耗償却費という科目で損益計算書に表示されることはない。

34 無形固定資産

《解答》3

《解説》

ア．正しい。

　　無形固定資産は、法律上の権利を表す資産、経済上の優位性を表す資産及び
ソフトウェアに分類される。法律上の権利を表す資産には、特許権や著作権の
ほかに、実用新案権、商標権等が含まれ、経済上の優位性を表す権利にはのれ
んが含まれる。

イ．正しい。

　　「企業会計原則」第三・四㈠Ｂ。

ウ．誤り。

　　法律上の権利の償却期間は法定有効期限が最長期限であるが、特許権のよう
な機能的減価が生じる性質のものは、これらをその償却期間の決定にあたって
考慮する必要がある。

エ．正しい。

　　「企業結合に関する会計基準」第32項。

オ．正しい。

　　地上権については、価値減少が認められない無形固定資産であることから、
償却は行われない。

35 賃貸等不動産

《解答》5

《解説》

ア．誤り。

　　オペレーティング・リース取引の貸手における不動産は賃貸等不動産に含ま
れる（「賃貸等不動産の時価等の開示に関する会計基準」第４項⑵）。

イ．正しい。

「賃貸等不動産の時価等の開示に関する会計基準」第5項。

ウ．誤り。

　棚卸資産に分類される不動産は賃貸等不動産に含まれない（「賃貸等不動産の時価等の開示に関する会計基準」第4項(2)）。したがって、販売用不動産は賃貸等不動産に含まれない。

エ．正しい。

　「賃貸等不動産の時価等の開示に関する会計基準」第8項。

36 固定資産の減損会計(1)

《解答》 2

《解説》

ア．正しい。

　「固定資産の減損に係る会計基準の設定に関する意見書」三1。

イ．誤り。

　減損処理は、本来、投資期間全体を通じた投資額の回収可能性を評価し、投資額の回収が見込めなくなった時点で将来に損失を繰り延べないために帳簿価額を減額する会計処理と考えられるから、期末の帳簿価額を将来の回収可能性に照らして見直すだけでは、収益性の低下による減損損失を正しく認識することはできない。よって、帳簿価額の回収が見込めない場合であっても、過年度の回収額を考慮すれば投資期間全体を通じて投資額の回収が見込める場合もあることから、過年度の回収額についても考慮すべきである（「固定資産の減損に係る会計基準の設定に関する意見書」三3）。

ウ．正しい。

　「固定資産の減損に係る会計基準」二1③。

エ．誤り。

　回収可能価額とは、資産又は資産グループの正味売却価額と使用価値のいずれか高い方の金額をいう。（「固定資産の減損に係る会計基準注解」注1・1）。

37 固定資産の減損会計(2)

《解答》 5

《解説》

ア．誤り。

　　共用資産の帳簿価額を当該共用資産に関連する資産グループに合理的な基準で配分することができる場合には、共用資産の帳簿価額を資産グループに配分することができる。この場合に、資産グループについて認識された減損損失は、帳簿価額に基づく比例配分等の合理的な方法により、共用資産の配分額を含む当該資産グループの各構成資産に配分する（「固定資産の減損に係る会計基準」二7）。したがって、この方法によると、共用資産は、従前の帳簿価額から、帳簿価額等の比率をもって共用資産に配分された減損損失控除後の金額で評価されることから、正味売却価額をもって評価されない。

イ．正しい。

　　「固定資産の減損に係る会計基準」二2(2)。

ウ．誤り。

　　固定資産の減損は測定が主観的にならざるを得ないため、減損の存在が相当程度に確実な場合に限って減損損失を認識している。したがって、減損損失を計上した後の会計期間において収益性が回復した場合であっても、減損損失の戻入れは行わない（「固定資産の減損に係る会計基準の設定に関する意見書」四2(2)①、3(2)）。

エ．正しい。

　　「固定資産の減損に係る会計基準の設定に関する意見書」四2(3)。

第 8 章
繰延資産

解 答 ・ 解 説 編

38 繰延資産の概念

《解答》5

《解説》

ア．正しい。

　　繰延資産は、有形財や債権などのように換金性はないが、収益との適正な対応、すなわち期間損益計算の適正化の観点から、その資産性が認められるものである。したがって、繰延資産は会計的資産とか擬制資産とよばれる。

イ．誤り。

　　繰延資産はすでに役務提供が行われたものであるが、前払費用は未だ役務提供が行われていないものである。

ウ．正しい。

　　棚卸資産や減価償却資産などの実物財は、物理的に費消されるのに応じて収益への貢献がなされ、その価値も費消され、その効果が発現していくため、財の物理的費消＝価値費消＝費用化という関係が成り立つ。ところが、繰延資産は、取得の対象である用役はすでにその支払の時点で物理的な意味ではすでに費消済みとなっており、他の資産にみられるような保有という概念が当てはまらないといえる。

エ．誤り。

　　臨時巨額の損失の繰延経理は、費用収益対応の原則に基づくものではなく、政策的配慮によるものである。

39 繰延資産の内容

《解答》 1

《解説》

ア．正しい。

　　開業費を繰延資産に計上する場合には、開業のときから5年以内のその効果の及ぶ期間にわたって定額法により償却しなければならない。ここにおける「開業のとき」には、営業の全部を開業したときのみならず、営業の一部を開業したときも含まれる（「繰延資産の会計処理に関する当面の取扱い」3(4)）。

イ．正しい。

　　支出の効果が期待されなくなった繰延資産は、その未償却残高を一時に償却しなければならない（「繰延資産の会計処理に関する当面の取扱い」3(6)）。これは、将来にその効果が発現することが期待されなくなったのであれば、将来の期間に繰り延べる会計処理は適当ではないと考えられるためである。

ウ．誤り。

　　繰延資産に該当する株式交付費は、繰延資産の性格から、企業規模の拡大のためにする資金調達などの財務活動に係る費用を前提としているため、株式の分割に係る費用は、繰延資産には該当せず、支出時に費用として処理する。この場合、当該費用は、営業外費用のほか、販売費および一般管理費に計上することができる（「繰延資産の会計処理に関する当面の取扱い」3(1)）。

エ．誤り。

　　転換社債型新株予約権付社債の発行に係る費用を繰延資産に計上する場合に、当該発行費用の全額を社債発行費として処理するのは、当該社債を一括法によって処理するときである。一方、当該社債を区分法によって処理するのであれば、当該社債の発行に係る費用は、社債発行費と新株予約権の発行に係る費用とに区分して処理する必要がある（「繰延資産の会計処理に関する当面の取扱い」3(2)）。

第9章 負債会計

解答・解説編

40 引 当 金(1)

《解答》 2

《解説》

ア．正しい。

引当金は、当期においては何ら経済価値費消事実の発生がない、すなわち発生主義を狭義に解すれば発生費用ではないといえるが、それを広義に解し、経済価値費消原因事実の発生をも費用の発生と解することで、期間損益計算の適正化のために当期に損益計上するものである。

イ．誤り。

引当金は、確定した支出額もしくは資産減少額を配分するものではなく、未確定の支出額もしくは資産減少額を見積計上するものである。

ウ．正しい。

「企業会計原則注解」注18。

エ．誤り。

引当金の計上は、典型的な見積による会計処理ではあるが、そのことが計上に当たっての法令や契約の存在を前提とすることにはならない。

41 引当金(2)

《解答》 6

《解説》

ア．誤り。

　修繕は操業停止や対象設備の廃棄をした場合には不要となることから、修繕引当金は負債に該当しないと考えられる。

イ．誤り。

　企業が過去の事象の結果として現在の義務を有していることという負債の認識要件に照らした場合、企業と従業員との間の契約により、従業員が有給休暇を消化した場合にも対応する給与を企業が支払うこととなっている場合には、企業は、期末日時点で従業員が将来有給休暇を取る権利を有している部分について債務を負っていると考えられる。したがって、有給休暇引当金は負債に該当すると考えられる。

ウ．正しい。

　企業会計原則注解〔注18〕に従えば、債務保証損失引当金は、保証先の財政状態が著しく悪化したことで損失を被る可能性が高まった場合に、債務保証損失（求償権の貸倒れによる損失）を見積って設定される。

エ．正しい。

　債務保証損失引当金の繰入額は、その金額、発生事由等に応じ、原則として特別損失（または営業外費用）に計上する。また、貸借対照表上は、ワンイヤールールに従い、流動負債または固定負債に計上する。

42 資産除去債務(1)

《解答》 2

《解説》

ア．正しい

　「資産除去債務に関する会計基準」第23項。

イ．誤り

　資産除去債務の対象となる法律上の義務およびそれに準ずるものには、有形固定資産を除去する義務のほか、有形固定資産の除去そのものは義務でなくとも、有形固定資産を除去する際に当該有形固定資産に使用されている有害物質等を法律等の要求による特別の方法で除去するという義務も含まれる（「資産除去債務に関する会計基準」第3項(1)）。

ウ．正しい

　「資産除去債務に関する会計基準」第26項。

エ．誤り

　有形固定資産の除去とは、有形固定資産を用役提供から除外することをいう。除去の具体的な態様としては、売却、廃棄、リサイクルその他の方法による処分等が含まれるが、転用や用途変更は含まれない（「資産除去債務に関する会計基準」第3項(2)）。

43 資産除去債務(2)

《解答》 5

《解説》

ア．誤り。

　資産除去債務の算定における割引前の将来キャッシュ・フローは、市場の評価を反映した金額によるのではなく、合理的で説明可能な仮定および予測に基づく自己の支出見積りによる（「資産除去債務に関する会計基準」第6項(1)。

イ．正しい。

　「資産除去債務に関する会計基準」第11項。

ウ．誤り。

　資産除去債務が有形固定資産の稼動等に従って、使用の都度発生する場合には、資産除去債務に対応する除去費用を各期においてそれぞれ資産計上し、関連する有形固定資産の残存耐用年数にわたり、各期に費用配分することを原則とする。除去費用をいったん資産に計上し、当該計上時期と同一の期間に、資

産計上額と同一の金額を費用処理する方法は、例外として認められているにすぎない（「資産除去債務に関する会計基準」第8項）。

エ．正しい。

　「資産除去債務に関する会計基準」第13項。

第10章 資本会計

解答・解説編

44 資本の概念

《解答》 1

《解説》

ア．正しい。

「貸借対照表の純資産の部の表示に関する会計基準」第33項。

イ．正しい。

「貸借対照表の純資産の部の表示に関する会計基準」第32項。

ウ．誤り。

現行の制度会計上、純資産は株主資本と株主資本以外の各項目に区分されているため、損益計算書における当期純利益の額（親会社株主に帰属する部分）と貸借対照表における株主資本の資本取引を除く当期変動額は一致する（「貸借対照表の純資産の部の表示に関する会計基準」第30項）。

エ．誤り。

企業会計基準では、仮受金や未決算勘定については、将来、収益に計上される可能性ではなく外部に返済される可能性を重視すれば負債に該当するという見方もあることなどから、既存の会計基準と異なる取扱いは定めていない（「貸借対照表の純資産の部の表示に関する会計基準」第24項）。したがって、仮受金や未決算勘定は、その性質を示す適当な科目をもって負債の部に表示する（「企業会計原則」第三・四(二)）。

45 純資産の部の分類

《解答》 5

《解説》

ア．誤り。

　　個別貸借対照表は、資産の部、負債の部、純資産の部に区分し、連結貸借対照表は、資産の部、負債の部、非支配株主持分、純資産の部ではなく、資産の部、負債の部、純資産の部に区分する（「貸借対照表の純資産の部の表示に関する会計基準」第4項）。なお、非支配株主持分は、連結貸借対照表上、純資産の部の株主資本以外の項目として表示される（「貸借対照表の純資産の部の表示に関する会計基準」第7項）。

イ．正しい。

　　「貸借対照表の純資産の部の表示に関する会計基準」第4項、第5項。

ウ．誤り。

　　個別貸借対照表上、資本剰余金は、資本準備金とその他資本剰余金に区分されるが、その他資本剰余金の内訳は示さない。したがって、資本金および資本準備金減少差益、自己株式処分差益等その内容を示す科目は表示されない（「貸借対照表の純資産の部の表示に関する会計基準」第6項、第34項）。

エ．正しい。

　　貸借対照表の純資産の部の表示に関する会計基準」第35項。

46 自己株式及び準備金の額の減少等(1)

《解答》 3

《解説》

ア．正しい。

　　自己株式の取得の対価として自社の他の種類の株式を交付した場合の自己株式の取得原価については、①対価として交付した自社の株式の帳簿価額を基礎として算定する方法と、②対価として交付した自社の株式の時価を基礎として算定する方法が考えられるが、当該取引の実態は、株主資本内の移動であって、新たな払込みの事実がなく払込資本を増加させる必要はないとの考え方より、現行制度会計上、①の方法が採用されている（「自己株式及び準備金の額の減少等に関する会計基準の適用指針」第37項）。

イ．誤り。

　　自己株式の処分時の帳簿価額は、取得目的ごとではなく、株式の種類ごとに会社の定めた計算方法に従って算定する（「自己株式及び準備金の額の減少等に関する会計基準」第13項）。

ウ．正しい。

　　取得した自己株式は、取得原価をもって純資産の部の株主資本から控除する（「自己株式及び準備金の額の減少等に関する会計基準」第7項）。自己株式の取得は、株主との間の資本取引であり、会社所有者に対する会社財産の払戻しの性格を有すると考えられることから、他の有価証券と同様に換金可能な資産としての側面に着目し、時価をもって測定する方法は適切ではない。したがって、自己株式を無償取得した場合、取得原価はゼロということになり、株主資本から控除すべき金額も発生しないため、自己株式の数のみの増加として処理される（「自己株式及び準備金の額の減少等に関する会計基準の適用指針」第43項）。

エ．誤り。

　　資本準備金の減少によって生ずる剰余金及び自己株式処分差益は、いずれも資本剰余金の区分の内部に設けられたその他資本剰余金に一括して計上される

（「自己株式及び準備金の額の減少等に関する会計基準」第9項、20項）。

オ．正しい。

　「自己株式及び準備金の額の減少等に関する会計基準」第21項。

47 自己株式及び準備金の額の減少等(2)

《解答》 2

《解説》

ア．誤り。

　自己株式の会計的性格に関しては、これを資産とみるものと資本（株主資本）の控除とみるものとがあるが、現行制度上、会社法、企業会計基準ともに後者の立場によっている。

イ．正しい。

　「自己株式及び準備金の額の減少等に関する会計基準」第15項。

ウ．正しい。

　「自己株式及び準備金の額の減少等に関する会計基準」第12項。

エ．誤り。

　自己株式の処分及び消却時の付随費用は、損益計算書に計上する考えと、自己株式処分差額等の調整とする考えがあるが、「自己株式及び準備金の額の減少等に関する会計基準」においては、損益計算書の営業外費用に計上することとしている（「自己株式及び準備金の額の減少等に関する会計基準」第14項）。

オ．正しい。

　「自己株式及び準備金の額の減少等に関する会計基準」第8項、第32項。

48 ストック・オプション(1)

《解答》 4

《解説》

ア．誤り。

従業員持株制度において自社の株式購入に関し、奨励金を支出する取引は
「ストック・オプション等に関する会計基準」が適用される取引に含まれない
（「ストック・オプション等に関する会計基準」第3項、第27項）。

イ．正しい。

　　「ストック・オプション等に関する会計基準」第4項。

ウ．正しい。

　　「ストック・オプション等に関する会計基準」第7項。

エ．誤り。

　　ストック・オプションが権利行使され、これに対して企業が自己株式を処分
した場合には、自己株式の取得原価と、新株予約権の帳簿価額および権利行使
に伴う払込金額の合計額との差額を、当期の損益としてではなく、自己株式処
分差額としてその他資本剰余金に計上する（「ストック・オプション等に関す
る会計基準」第8項）。

49 ストック・オプション(2)

《解答》 3

《解説》

ア．誤り。

　　ストック・オプションの付与日から権利確定日までの間においては、付与さ
れたストック・オプション数から権利不確定による失効の見積数を控除して各
期の費用計上額を算定する（「ストック・オプション等に関する会計基準」第
7項(1)）。したがって、権利不確定による失効は、ストック・オプションの公
正な評価単価ではなく、ストック・オプション数に反映する形で考慮される
（「ストック・オプション等に関する会計基準」第6項(2)）。

イ．正しい。

　　未公開企業については、ストック・オプションの公正な評価単価に代え、ス
トック・オプションの単位当たりの本源的価値の見積りに基づいて会計処理を
行うことができる。ここで、「単位当たりの本源的価値」とは、算定時点にお

いてストック・オプションが権利行使されると仮定した場合の単位当たりの価値であり、当該時点におけるストック・オプションの原資産である自社の株式の評価額と行使価格との差額をいう（「ストック・オプション等に関する会計基準」第13項）。

ウ．正しい。

ストック・オプションの公正な評価単価を変動させる条件変更があり、条件変更後におけるストック・オプションの公正な評価単価が付与日における公正な評価単価を下回る場合には、付与日における公正な評価単価に基づく費用配分を継続するのみであり、条件変更がない場合と同様の処理となる（「ストック・オプション等に関する会計基準」第10項(2)）。

エ．誤り。

ストック・オプションにつき、対象勤務期間の短縮に結びつく勤務条件の変更により費用の合理的な計上期間を変動させた場合には、過年度の費用計上の不足額に相当する金額を、一時の費用または損失として計上するのではなく、条件変更前の残存期間に計上すると見込んでいた金額を、新たな残存期間にわたって費用計上する（「ストック・オプション等に関する会計基準」第12項）。

50 株主資本等変動計算書

《解答》 2

《解説》

ア．誤り。

株主資本等変動計算書に記載すべき項目の範囲については、①純資産の部のすべての項目とする考え方と、②純資産の部のうち株主資本の項目のみとする考え方があるが、会計基準の国際的調和化等の観点から純資産の部のすべての項目を記載範囲としている（「株主資本等変動計算書に関する会計基準」第20項）。

イ．正しい。

「株主資本等変動計算書に関する会計基準」第7項。

ウ．正しい。

「株主資本等変動計算書に関する会計基準」第4項。

エ．誤り。

貸借対照表の純資産の部における株主資本以外の各項目は、当期首残高、当期変動額および当期末残高に区分し、当期変動額は、変動事由ごとにその金額を表示するのではなく、純額で表示することを原則とする（「株主資本等変動計算書に関する会計基準」第8項）。

オ．正しい。

「株主資本等変動計算書に関する会計基準」第9項。

51 受贈資本及び評価替資本

《解答》 2

《解説》

ア．正しい。

国や地方自治体からの補助金のうち、固定資産の購入・製作に充当する等、資本助成の目的で交付を受けた国庫補助金や、企業に資本の欠損が生じている場合に、企業を存続させるために欠損填補の目的で債権者が債権放棄をした債務免除益は、受贈資本あるいは贈与剰余金ともいわれ、これを企業主体理論もしくは企業体理論からみた場合には、利益ではなく資本と考えることができる。

イ．誤り。

保険差益の発生原因としては、①貨幣価値の著しい下落、②過年度の過大減価償却、③滅失資産の市場における需給関係を反映した価格の変動などが挙げられる。このうち、資本剰余金としての性格を有するのは①だけであり、②、③は特別利益とされるべきである。

ウ．正しい。

電力・ガス事業等を営む公益企業が、設備の建設に要する工事費を消費者に負担してもらう形で受入れた金銭や資材を工事負担金といい、これらについて、会社法や法人税法は資本と認めず、利益としている。

エ．正しい。

　国や地方自治体からの補助金のうち、固定資産の購入・製作に充当する等、資本助成の目的で交付を受けた国庫補助金は、それを受贈した企業がその解散時には国等への返還を要せず、最終的には株主に分配されることから、利益と考えることができる。

オ．正しい。

　更生会社の財政立直しの一環として、会社が保有する資産について時価による評価替を行った場合の評価増部分を固定資産評価差益という。取得原価基準を立脚基盤とする会計においては、そこで採用する資本概念は名目貨幣資本概念であることから、その立場による限り固定資産評価差益は利益であると考えることができる。

第11章
一株当たり
当期純利益

52 一株当たり当期純利益

《解答》 2

《解説》

ア．誤り。

　一株当たり当期純利益は、次に示すとおり、普通株式に係る当期純利益を普通株式の期中平均株式数で除して算定する。

$$一株当たり当期純利益 = \frac{普通株式に係る当期純利益}{普通株式の期中平均株式数}$$

$$= \frac{損益計算書上の当期純利益 - 普通株主に帰属しない金額}{普通株式の期中平均発行済株式数 - 普通株式の期中平均自己株式数}$$

　また、損益計算書上、当期純損失の場合にも、当期純利益の場合と同様に、一株当たり当期純損失を算定する（「一株当たり当期純利益に関する会計基準」第12項）。

イ．正しい。

　「一株当たり当期純利益に関する会計基準」第48項。

ウ．誤り。

　潜在株式（ワラントや転換証券）が希薄化効果を有する場合、潜在株式調整後一株当たり当期純利益を算定して開示しなければならないが、潜在株式が存在しても希薄化効果を有しない場合には、その旨を開示し、潜在株式調整後一株当たり当期純利益の開示は行わない（「一株当たり当期純利益に関する会計基準」第21項、第23項）。なお、希薄化効果を有するとは、潜在株式調整後一

株当たり当期純利益が、一株当たり当期純利益を下回る場合をいう（「一株当たり当期純利益に関する会計基準」第20項）。

エ．正しい。

　潜在株式が希薄化効果を有する場合、潜在株式調整後一株当たり当期純利益は、次に示すとおり、普通株式に係る当期純利益に希薄化効果を有する各々の潜在株式に係る当期純利益調整額を加えた合計金額を、普通株式の期中平均株式数に希薄化効果を有する各々の潜在株式に係る権利の行使を仮定したことによる普通株式の増加数を加えた合計株式数で除して算定する（「一株当たり当期純利益に関する会計基準」第21項）。なお、ここにおける当期純利益調整額には、たとえば、転換負債（普通株式への転換請求権若しくはこれに準ずる権利が付された金融負債）に係る当期の支払利息の金額、社債金額よりも低い価額又は高い価額で発行した場合における当該差額に係る当期償却額及び利払いに係る事務手数料等の費用の合計額から、当該金額に課税されたと仮定した場合の税額相当額を控除した金額などが該当する（「一株当たり当期純利益に関する会計基準」第29項）。

$$潜在株式調整後一株当たり当期純利益 = \frac{普通株式に係る当期純利益 + 当期純利益調整額}{普通株式の期中平均株式数 + 普通株式増加数}$$

第 12 章
会計上の変更及び誤謬の訂正

53 会計上の変更及び誤謬の訂正(1)

《解答》 2

《解説》

ア．正しい。

　「会計方針の開示、会計上の変更及び誤謬の訂正に関する会計基準」第4項 (1)、(4)。

イ．誤り。

　キャッシュ・フロー計算書における資金の範囲の変更は、会計上の見積りの変更ではなく、会計方針の変更である（「会計方針の開示、会計上の変更及び誤謬の訂正に関する会計基準の適用指針」第9項）。

ウ．正しい。

　連結財務諸表作成のための基本となる重要な事項のうち、連結または持分法の適用の範囲は、財務諸表の作成にあたって採用した会計処理の原則および手続に該当しないため、その変動は会計方針の変更に該当しない（「会計方針の開示、会計上の変更及び誤謬の訂正に関する会計基準の適用指針」第8項）。

エ．正しい。

　「会計方針の開示、会計上の変更及び誤謬の訂正に関する会計基準」第17項。

オ．正しい。

　「会計方針の開示、会計上の変更及び誤謬の訂正に関する会計基準」第57項。

54 会計上の変更及び誤謬の訂正(2)

《解答》 3

《解説》

ア．正しい。

　「会計方針の開示、会計上の変更及び誤謬の訂正に関する会計基準」第10項
(5)、第11項(3)、第50項。

イ．誤り。

　表示方法とは、財務諸表の作成にあたって採用した表示の方法をいい、注記
による開示も含む（「会計方針の開示、会計上の変更及び誤謬の訂正に関する
会計基準」第4項(2)）。

ウ．誤り。

　会計方針の変更を会計上の見積りの変更と区別することが困難な場合につい
ては、会計方針の変更ではなく、会計上の見積りの変更と同様に処理する（「会
計方針の開示、会計上の変更及び誤謬の訂正に関する会計基準」第19項)。

エ．正しい。

　「会計方針の開示、会計上の変更及び誤謬の訂正に関する会計基準」第4項
(11)、第21項。

オ．正しい。

　「会計方針の開示、会計上の変更及び誤謬の訂正に関する会計基準」第66項、
第67項。

第13章

企業結合会計

55 企業結合の範囲

《解答》 3

《解説》

ア．正しい。

　「企業結合に関する会計基準」第5項。

イ．正しい。

　「企業結合に関する会計基準」第71項。

ウ．誤り。

　企業結合は、経済的に独立した企業同士の取引に限定することなく、法的に独立した企業同士の取引を対象としているため、企業集団内における合併、吸収分割、現物出資等の取引（共通支配下の取引）も企業結合の範囲に含まれる（「企業結合に関する会計基準」第66項）。

エ．正しい。

　株式交換により非支配株主から子会社株式を取得する取引は、企業集団を構成する子会社の株主と、当該子会社を支配している親会社との間の取引であり、企業結合の定義に合致しない。よって、当該取引は企業結合に該当しない取引である（「企業結合に関する会計基準」第118項）。

オ．正しい。

　3社以上の企業が一つの報告単位に統合される場合であっても、企業結合の定義に合致するものは、すべて企業結合に該当する（「企業結合に関する会計基準」第5項）。

56 企業結合の会計処理(1)

《解答》 3

《解説》

ア．正しい。

「企業結合に関する会計基準」第17項。

イ．正しい。

「企業結合に関する会計基準」第37項。

ウ．誤り。

いずれかの結合当事企業において持分の継続が断たれていると判断されるならば、対応する資産及び負債を帳簿価額で引継ぐ持分プーリング法ではなく、時価で引継ぐパーチェス法が、損益計算の観点から優れている（「企業結合に関する会計基準」第74項）。

エ．正しい。

「企業結合に関する会計基準」第20項。

オ．正しい。

「企業結合に関する会計基準」第21項。

57 企業結合の会計処理(2)

《解答》 2

《解説》

ア．正しい。

被取得企業が企業結合契約締結後の特定年度において特定の利益水準を維持又は達成したときに、取得企業が株式を追加で交付する条項があるなど、条件付取得対価が企業結合契約締結後の将来の業績に依存する場合において、対価を追加的に交付する又は引き渡すときには、条件付取得対価の交付又は引渡しが確実となり、その時価が合理的に決定可能となった時点で、支払対価を取得原価として追加的に認識するとともに、のれんを追加的に認識する又は負の

れんを減額する（「企業結合に関する会計基準」第27項）。

イ．誤り。

　　取得の対価として市場価格のある株式を交付する場合、取得の対価となる財
の時価は、企業結合の主要条件が合意され公表された日の株価ではなく、原則
として、企業結合日における株価を基礎にして算定する（「企業結合に関する
会計基準」第24項）。

ウ．正しい。

　　被取得企業の取得原価は、個別財務諸表では支配を獲得するに至った個々の
取引ごとの原価の合計額をもって算定するが、連結財務諸表では支配を獲得す
るに至った個々の取引すべての企業結合日における時価をもって算定する
（「企業結合に関する会計基準」第25項）。

エ．誤り。

　　取得関連費用（外部のアドバイザー等に支払った特定の報酬・手数料等）は、
発生した事業年度の費用として処理する（「企業結合に関する会計基準」第26
項）。

58 企業結合の会計処理(3)

《解答》 1

《解説》

ア．正しい。

　　取得企業は、被取得企業から取得した資産及び引受けた負債の時価を基礎と
して、それらに対して取得原価を配分することとなる。これは、取得と判定さ
れた企業結合に特有な処理ではなく、企業結合以外の交換取引により複数の資
産及び負債を一括して取得又は引受けた場合に一般的に適用されているもので
ある。すなわち、交換取引により複数の資産及び負債を一括して取得又は引受
けた場合には、まず、支払対価総額を算定し、次にその支払対価総額を、一括
して取得又は引受けた個々の資産及び負債の時価を基礎として、それらの個々
の資産及び負債に対して配分することになる（「企業結合に関する会計基準」

第98項）。

イ．正しい。

「企業結合に関する会計基準」第28項。

ウ．誤り。

例えば、取得後短期間で発生することが予測される費用又は損失であって、その発生の可能性が取得の対価の算定に反映されている場合には、負債として認識する（「企業結合に関する会計基準」第30項）。

エ．誤り。

取得と判定された企業結合で、支払対価総額が取得した資産等に配分された額を超える場合には、負ののれんではなく、正ののれんが生ずる。

59 事業分離の会計処理(1)

《解答》 1

《解説》

ア．誤り。

事業分離とは、ある企業を構成する事業を、新設される企業を含む他の企業に移転することをいう（「事業分離等に関する会計基準」第4項）。

イ．誤り。

事業分離は、会社分割や事業譲渡、現物出資等の形式をとり、分離元企業が、その事業を分離先企業に移転し対価を受け取る。分離元企業から移転された事業と分離先企業（新設される企業を除く。）とが1つの報告単位に統合されることになる場合の事業分離は、企業結合でもある（「事業分離等に関する会計基準」第62項）。

ウ．正しい。

「事業分離等に関する会計基準」第10項(1)、第74項。

エ．正しい。

「事業分離等に関する会計基準」第27項。

オ．正しい。

現金等の財産と子会社となる分離先企業の株式を受取対価とする事業分離において、分離元企業が受け取った現金等の財産に付した価額が移転事業に係る株主資本相当額を上回る場合には、原則として、当該差額を移転利益として認識し、取得する分離先企業の株式の取得原価はゼロとする（「事業分離等に関する会計基準」第24項(1)）。

60 事業分離の会計処理(2)

《解答》 5

《解説》

ア．正しい。

　　子会社を分離先企業とする場合には、共通支配下の取引となり、親会社の立場からは企業集団内における純資産等の移転取引として内部取引と考え、個別財務諸表の作成にあたっても、基本的には、企業結合の前後で当該純資産等の帳簿価額が相違することにならないよう、企業集団内における移転先の企業たる子会社は移転元の企業たる親会社の帳簿価額により計上することとなる。したがって、分離先企業たる子会社の株式を受取対価とする場合には移転損益を認識しないが、現金等の財産を受取対価とする場合において、分離元企業たる親会社が受け取った現金等の財産の移転直前に付された適正な帳簿価額が、移転した事業に係る株主資本相当額と異なるときには、当該差額を移転損益として認識せざるをえないことになる（「事業分離等に関する会計基準」第14項(1)、第83項）。

イ．正しい。

　　関連会社に対し、移転した事業とは明らかに異なる現金等の財産を受取対価として事業分離を行った場合には、共通支配下の取引に該当しないため、受け取った現金等の財産は原則として時価評価し、移転した事業に係る株主資本相当額との差額は、原則として移転損益として認識する（「事業分離等に関する会計基準」第15項(1)、第83項）。

ウ．正しい。

「事業分離等に関する会計基準」第16項。

エ．誤り。

　　事業分離を行う場合において、事業分離前に分離元企業は分離先企業の株式を有していないが、事業分離により分離先企業が新たに分離元企業の子会社となる場合には、移転損益は認識せず、当該分離元企業が受け取った分離先企業の株式（子会社株式）の取得原価は、移転した事業に係る株主資本相当額に基づいて算定する（「事業分離等に関する会計基準」第17項(1)）。

オ．誤り。

　　事業分離を行う場合において、事業分離前に分離元企業は分離先企業の株式を有していないが、事業分離により分離先企業が新たに分離元企業の関連会社となる場合には、移転損益は認識せず、当該分離元企業が受け取った分離先企業の株式（関連会社株式）の取得原価は、移転した事業に係る株主資本相当額に基づいて算定する（「事業分離等に関する会計基準」第20項(1)）。

第14章
リース会計

《解答・解説編》

61 リース会計の概要

《解答》 1

《解説》

ア．誤り。

　ファイナンス・リース取引に分類されるリース取引には、リース契約に基づくリース期間の中途において当該契約を解除することができないリース取引のほか、これに準ずるリース取引が含まれる（「リース取引に関する会計基準」第5項）。法的形式上は解約可能であるとしても、解約に際し相当の違約金を支払わなければならない等の理由から、事実上解約不能と認められるリース取引は、リース契約に基づくリース期間の中途において当該契約を解除することができないリース取引に準ずるリース取引に該当するため、ファイナンス・リース取引に分類される（「リース取引に関する会計基準」第36項）。

イ．正しい。

　企業の設備投資方法には、購入契約による方法とリース契約による方法とがあるが、リース契約のうちには、リース物件の使用からもたらされる経済的利益と当該物件の使用に伴って生じるコストが実質的に借手側の企業に移転していると認められるファイナンス・リース取引がある。このファイナンス・リース取引に係るリース物件は、その経済的実質が売買により所有権が貸手から借手に移転したのと同様の状況にあると考えられることから、取引の法的形式よりも経済的実質を重視する実質優先主義の考え方に基づき、当該リース物件をリース資産として、対応する債務とともに借手側の企業の財務諸表に計上すべ

きである。

ウ．正しい。

　ファイナンス・リース取引について、通常の売買処理に準じた会計処理を行う場合、当該取引に係るリース物件の取得価額の算定方法については、リース契約締結時に合意されたリース料総額からこれに含まれている利息相当額の合理的な見積額を控除する方法を原則とする（「リース取引に関する会計基準」第11項）が、リース資産総額に重要性が乏しいと認められる場合には、これを控除しない方法を適用することができる（「リース取引に関する会計基準の適用指針」第31項）。

エ．正しい。

　「リース取引に関する会計基準」第6項。

オ．正しい。

　「リース取引に関する会計基準」第15項。

62 リース取引の会計処理と開示⑴

《解答》　2

《解説》

ア．正しい。

　「リース取引に関する会計基準」第11項。

イ．誤り。

　リース資産の減価償却費について、原則としてリース期間を耐用年数とし、残存価額をゼロとして算定するのは、所有権移転ファイナンス・リース取引ではなく、所有権移転外ファイナンス・リース取引である。なお、所有権移転ファイナンス・リース取引に係るリース資産の減価償却費は、自己所有の固定資産に適用する減価償却の方法と同一の方法により算定する（「リース取引に関する会計基準」第12項）。

ウ．誤り。

　ファイナンス・リース取引において借手が使用するリース資産については、

原則として、有形固定資産、無形固定資産の別に、一括してリース資産として表示するのであって、有形固定資産または無形固定資産に属する各科目に含めて表示する方法は例外的に認められるに過ぎない（「リース取引に関する会計基準」第16項）。

エ．誤り。

所有権移転ファイナンス・リース取引におけるリース債権および所有権移転外ファイナンス・リース取引におけるリース投資資産については、当該企業の主目的たる営業取引により発生したものである場合には流動資産に表示する。また、当該企業の営業の主目的以外の取引により発生したものである場合には、貸借対照表日の翌日から起算して1年以内に入金の期限が到来するものは流動資産に表示し、入金の期限が1年を超えて到来するものは固定資産に表示する（「リース取引に関する会計基準」第18項）。

オ．正しい。

「リース取引に関する会計基準」第19項。

63 リース取引の会計処理と開示(2)

《解答》 3

《解説》

ア．正しい。

「リース取引に関する会計基準」第20項、第21項。

イ．誤り。

セール・アンド・リースバック取引におけるリース取引がファイナンス・リース取引に該当する場合、借手は、リースの対象となる物件の売却に伴う損益を長期前払費用または長期前受収益等として繰延処理し、リース資産の減価償却費の割合に応じ減価償却費に加減して損益に計上する。

なお、わが国の現行の会計基準では、リース取引がオペレーティング・リース取引に該当する場合の取扱いは明示されておらず、一般に、通常の売却の会計処理とオペレーティング・リース取引の会計処理が行われることが想定され

る。

ウ．正しい。

　　セール・アンド・リースバック取引において繰延処理される長期前受収益は、
　現在の義務ではない繰延収益であり、負債の定義を充たさないという問題点が
　指摘される。

エ．誤り。

　　転リース取引では、一つの企業が借手となると同時に、貸手となる。借手と
　してのリース取引および貸手としてのリース取引の双方がファイナンス・リー
　ス取引に該当する場合、貸借対照表上、リース債権またはリース投資資産と
　リース債務の双方を計上する。

オ．正しい。

　　「リース取引に関する会計基準」第22項。

第15章 連結財務諸表

解答・解説編

64 連結基礎概念、非支配株主持分

《解答》 4

《解説》

ア．正しい。

連結基礎概念としての親会社説は、親会社の出資者を会計主体とみる考え方に基づいている。これに対して、経済的単一体説は、親会社の出資者のみならず、非支配株主をも含めて会計主体とみる考え方に基づいている。

イ．正しい。

比例連結とは、子会社の資産、負債、収益および費用の各勘定の金額に親会社の持分比率を乗じた金額をもって連結する方法であるため、非支配株主持分は表示されず、非支配株主に帰属する資産および負債は連結貸借対照表から除外される。

ウ．誤り。

支配獲得日後に生じた子会社の利益剰余金および評価・換算差額等のうち非支配株主に帰属する部分は、非支配株主持分として処理する（「連結財務諸表に関する会計基準」脚注7(2)）。

エ．誤り。

子会社の欠損のうち、当該子会社に係る非支配株主持分に割り当てられる額が当該非支配株主の負担すべき額を超える場合には、当該超過額は、親会社の持分に負担させる（「連結財務諸表に関する会計基準」第27項）。したがって、債務超過に陥っている子会社については、その債務超過額は持分比率に応じて

非支配株主持分に負担させるのではなく、親会社の持分に負担させる。

オ．正しい。

「貸借対照表の純資産の部の表示に関する会計基準」第22項。

65 一般基準（連結の範囲）

《解答》 5

《解説》

ア．誤り。

他の企業の議決権の100分の40以上、100分の50以下を自己の計算において所有している企業であって、かつ、他の企業の重要な財務および営業または事業の方針決定を支配する契約等が存在する場合、当該他の企業は、子会社に該当する（「連結財務諸表に関する会計基準」第7項(2)③）。これには、例えば、他の企業から会社法上の事業全部の経営の委任を受けている場合が含まれる（「連結財務諸表における子会社及び関連会社の範囲の決定に関する適用指針」第12項）。したがって、A社は子会社に該当する。

イ．誤り。

支配力基準における支配とは、他の会社の意思決定機関を支配していることをいい、この場合の意思決定機関には、株主総会の他、取締役会も含まれる。よって、役員若しくは従業員である者が、他の会社の取締役会の構成員の過半数を継続して占めている場合には、他の会社の議決権の過半数を所有していない場合であっても、当該他の会社が子会社に該当することはある（「連結財務諸表に関する会計基準」第7項）。

ウ．正しい。

「連結財務諸表に関する会計基準」第7-2項。

エ．誤り。

他の会社への支配が一時的であると認められる会社や、連結することにより利害関係者の判断を著しく誤らせるおそれのある会社は、子会社ではあるが連結の範囲に含められない非連結子会社である（「連結財務諸表に関する会計基

準」第14項)。

オ．正しい。

「連結財務諸表に関する会計基準」脚注3。

66 一般基準（連結決算日、親会社及び子会社の会計処理）、連結貸借対照表

《解答》 5

《解説》

ア．誤り。

連結決算では連結会社間の売買取引や債権債務が相殺消去されるため、これらの金額は相互に一致していなければならない。したがって、子会社の正規の決算を基礎として連結決算を行う場合であっても、決算日が異なることから生じる連結会社間の取引に係る会計記録の重要な不一致について、必要な整理を行わなければならない（「連結財務諸表に関する会計基準」脚注4）。

イ．誤り。

子会社の採用する会計処理の原則及び手続の方が、企業集団として適切であれば、親会社側が変更することによって会計処理の原則及び手続を統一してもよい（「連結財務諸表に関する会計基準」第17項）。

ウ．誤り。

いわゆるみなし取得日法は容認されている方法にすぎない（「連結財務諸表に関する会計基準」脚注5）。

エ．誤り。

連結貸借対照表の作成にあたっては、支配獲得日において、子会社の資産および負債のうち親会社の持分に相当する部分ではなく、子会社の資産および負債のすべてを支配獲得日の時価により評価する方法（全面時価評価法）により評価する（「連結財務諸表に関する会計基準」第20項）。

オ．正しい。

「連結財務諸表に関する会計基準」第22項。

67 連結貸借対照表

《解答》 5

《解説》

ア．誤り。

　子会社に対する支配を獲得した後に親会社が子会社株式を追加取得した場合には、追加取得した株式に対応する持分を非支配株主持分から減額し、追加取得により増加した親会社の持分（追加取得持分）を追加投資額と相殺消去する。追加取得持分と追加投資額との間に生じた差額は、のれんまたは負ののれんではなく、資本剰余金として処理する（「連結財務諸表に関する会計基準」第28項）。

イ．誤り。

　子会社株式を一部売却したが、親会社と子会社の支配関係が継続している場合、売却による親会社の持分の減少額と売却価額の間に生じた差額を、資本剰余金とするのであり、支配獲得時に計上したのれんの未償却額のうち売却した子会社株式に対応する額は売却価額から控除しない（「連結財務諸表に関する会計基準」第29項、第66-2項）。

ウ．誤り。

　子会社株式を一部売却したが、親会社と子会社の支配関係が継続している場合、関連する法人税等（子会社への投資に係る税効果の調整を含む。）は、利益剰余金ではなく、資本剰余金から控除する（「連結財務諸表に関する会計基準」脚注9）。

エ．正しい。

　「連結財務諸表に関する会計基準」第29項。

オ．正しい。

　「自己株式及び準備金の額の減少等に関する会計基準」第16項。

68 連結損益計算書

《解答》 2

《解説》

ア．誤り。

　　会社相互間取引が連結会社以外の会社を通じて行われている場合であっても、その取引が実質的に連結会社間の取引であることが明確であるときは、この取引を連結会社間の取引とみなして処理する（「連結財務諸表に関する会計基準」脚注12）。

イ．正しい。

　　「連結財務諸表に関する会計基準」第36項。

ウ．正しい。

　　「連結財務諸表に関する会計基準」脚注13(2)。

エ．誤り。

　　本肢は、いわゆるアップ・ストリームであり、全額消去・持株比率負担方式が採用される（「連結財務諸表に関する会計基準」第38項）。

オ．正しい。

　　「連結財務諸表に関する会計基準」第37項。

69 持 分 法

《解答》 2

《解説》

ア．正しい。

　　「持分法に関する会計基準」第6項。

イ．誤り。

　　自己の計算において所有している議決権と、自己の意思と同一の内容の議決権を行使することに同意している者が所有している議決権とを合わせて、子会社以外の他の企業の議決権の100分の20以上を占めているときであって、かつ、

当該他の企業に対して重要な技術を提供している場合、当該他の企業は関連会社に該当するが、本肢では、両者を合わせてD社の議決権の100分の18しか占めていないため、D社は当社の関連会社には該当しない（「持分法に関する会計基準」第5−2項(3)）。

ウ．誤り。

子会社株式の売却等により当該会社が子会社に該当しなくなったとしても影響力基準が充たされており、関連会社に該当する場合には、残存する当該会社の株式には持分法が適用される。これに対し、当該会社に対する影響力基準も充たされなくなり、関連会社にも該当しなくなった場合には、残存する当該会社の株式は個別貸借対照表上の帳簿価額をもって評価する（「持分法に関する会計基準」第15項）。

エ．正しい。

「持分法に関する会計基準」第9項。

オ．誤り。

持分法の適用に当たっては、投資会社は、被投資会社の直近の財務諸表を使用する（「持分法に関する会計基準」第10項）。

70 包括利益の表示(1)

《解答》 1

《解説》

ア．正しい。

包括利益の表示の導入は、包括利益を企業活動に関する最も重要な指標として位置づけることを意味するものではなく、当期純利益に関する情報と併せて利用することにより、企業活動の成果についての情報の全体的な有用性を高めることを目的としている。「包括利益の表示に関する会計基準」は、市場関係者から広く認められている当期純利益に関する情報の有用性を前提としており、包括利益の表示によってその重要性を低めることを意図するものではない（「包括利益の表示に関する会計基準」第22項）。

イ．正しい。

「包括利益の表示に関する会計基準」第5項。

ウ．誤り。

包括利益とは、ある企業の特定期間の財務諸表において認識された純資産の変動額のうち、当該企業の純資産に対する持分所有者との直接的な取引によらない部分をいう。ここにおける持分所有者には、子会社の非支配株主とともに新株予約権の所有者も含まれる（「包括利益の表示に関する会計基準」第4項）。

エ．誤り。

包括利益の表示によって提供される情報は、純資産と包括利益とのクリーン・サープラス関係を明示することを通じて、財務諸表の理解可能性と比較可能性を高めることになる（「包括利益の表示に関する会計基準」第21項）。

71 包括利益の表示(2)

《解答》 4

《解説》

ア．誤り。

持分法を適用する被投資会社のその他の包括利益に対する投資会社の持分相当額は、その内容に基づいて、その他有価証券評価差額金、繰延ヘッジ損益、為替換算調整勘定、退職給付に係る調整額等に区分して表示するのではなく、持分法適用会社に対する持分相当額として、一括して区分表示する（「包括利益の表示に関する会計基準」第7項）。

イ．正しい。

「包括利益の表示に関する会計基準」第9項。

ウ．正しい。

「包括利益の表示に関する会計基準」第31項。

エ．誤り。

2計算書方式による場合、連結損益計算書のボトムラインは当期純利益ではなく、親会社株主に帰属する当期純利益とされる（「連結財務諸表に関する会

計基準」第39項(3)③)。

72 関連当事者の開示

《解答》 2

《解説》

ア．誤り。

　連結財務諸表作成会社は、個別財務諸表において関連当事者の開示を行う必要はない（「関連当事者の開示に関する会計基準」第4項）。

イ．誤り。

　財務諸表作成会社の役員は関連当事者に該当するが、役員に対する報酬、賞与および退職慰労金の支払いは、開示対象外とされている（「関連当事者の開示に関する会計基準」第5項(3)⑦、第9項(2)）。

ウ．誤り。

　関連当事者との取引で無償のものについては、独立第三者間取引であったと仮定した場合の金額を見積った上で、重要性の判断を行い、開示対象とするかどうかを決定する（「関連当事者の開示に関する会計基準」第7項）。したがって、関連当事者との取引で無償のもののうち重要性があるものは、開示対象とする必要がある。

エ．誤り。

　連結財務諸表上、連結子会社は関連当事者から除かれる（「関連当事者の開示に関する会計基準」第5項(3)）。

オ．正しい。

　「関連当事者の開示に関する会計基準」第2項、第11項、第16項。

73 セグメント情報等の開示

《解答》 2

《解説》

ア．正しい。

「セグメント情報等の開示に関する会計基準」第4項。

イ．誤り。

マネジメント・アプローチは、討議資料『財務会計の概念フレームワーク』における比較可能性の観点から短所が認められるものの、意思決定との関連性の観点から優れているため、「セグメント情報等の開示に関する会計基準」で採用された（「セグメント情報等の開示に関する会計基準」第47項〜第50項）。

ウ．誤り。

企業の最高経営意思決定機関は、取締役会や執行役員会議等の会議体に限られず、最高経営責任者または最高執行責任者といった個人である場合もある（「セグメント情報等の開示に関する会計基準」第63項）。

エ．誤り。

事業セグメントは、収益を稼得し、費用が発生する事業活動に関わるものでなければならない。ここでいう収益および費用には、同一企業内の他の構成単位との取引に関連する収益および費用を含む（「セグメント情報等の開示に関する会計基準」第6項(1)）。

オ．正しい。

「セグメント情報等の開示に関する会計基準」第12項(2)。

第16章
四半期財務諸表

74 四半期財務諸表の基礎概念

《解答》 3

《解説》

ア．正しい。

「四半期財務諸表に関する会計基準」第5項。

イ．誤り。

金融商品取引法上、四半期財務諸表は、個別ベースの四半期財務諸表及び連結ベースの四半期財務諸表も作成公表が義務づけられている。なお、四半期連結財務諸表を開示する場合には、四半期個別財務諸表の開示は要しないものとされている。

ウ．正しい。

「四半期財務諸表に関する会計基準」第7項(2)。

エ．誤り。

「四半期財務諸表に関する会計基準」では、実績主義の考え方を基本としており、予測主義は「四半期財務諸表に関する会計基準」が採る立場ではない（「四半期財務諸表に関する会計基準」第39項）。

オ．正しい。

「四半期財務諸表に関する会計基準」第39項。

75 四半期財務諸表の作成基準

《解答》 2

《解説》

ア．誤り。

　四半期財務諸表の作成にあたって、減価償却の方法として定率法を適用する場合に、年度に係る減価償却費の額を期間按分して、四半期会計期間または期首からの累計期間の減価償却費を計上する方法は、簡便な処理として容認されているに過ぎない（「四半期財務諸表に関する会計基準」第47項）。

イ．正しい。

　「四半期財務諸表に関する会計基準」第17項、第23項。

ウ．正しい。

　「四半期財務諸表に関する会計基準」第47項。

エ．誤り。

　法人税等については、四半期会計期間を含む年度の法人税等の計算に適用される税率に基づき、原則として年度決算と同様の方法により計算するが、四半期会計期間を含む年度の税引前当期純利益に対する税効果会計適用後の実効税率を合理的に見積り、税引前四半期純利益に当該見積実効税率を乗じて計算することも認められる（「四半期財務諸表に関する会計基準」第14項）。

オ．正しい。

　「四半期財務諸表に関する会計基準」第19項(15)、第25項(13)。

第17章
キャッシュ・フロー計算書

76 キャッシュ・フロー計算書の基礎概念

《解答》 2

《解説》

ア．正しい。

今日の発生主義会計において、貸借対照表及び損益計算書からは、企業の財政状態及び経営成績を把握することはできても、資金的な面について、これを明らかにすることは困難である。この点、キャッシュ・フロー情報を知るうえで、キャッシュ・フロー計算書は有用である。

イ．誤り。

純利益と営業活動に係るキャッシュ・フローとの関係を明示することができるのは、直接法ではなく間接法による場合である（「連結キャッシュ・フロー計算書等の作成基準の設定に関する意見書」三4）。

ウ．誤り。

キャッシュ・フロー計算書で、対象とする資金の範囲は現金（手許現金及び要求払預金）及び現金同等物である。現金同等物は、容易に換金可能であり、かつ、価値の変動について僅少なリスクしか負わない短期投資であり、価格変動リスクの高い株式等は資金の範囲から除かれる（「連結キャッシュ・フロー計算書等の作成基準」第二・一、「連結キャッシュ・フロー計算書等の作成基準注解」注2）。

エ．誤り。

貸借対照表の流動資産に属する現金及び預金には1年以内に期限の到来する

預金が含められるのに対して、キャッシュ・フロー計算書の現金及び現金同等物は取得日から満期日又は償還日までの期間が3ヶ月以内の定期預金等に限定され、両者の間には差異がある。

オ．正しい。

キャッシュ・フロー計算書の種類としては、「連結キャッシュ・フロー計算書」、「キャッシュ・フロー計算書」、「四半期連結キャッシュ・フロー計算書」及び「四半期キャッシュ・フロー計算書」がある。

77 キャッシュ・フロー計算書の表示方法

《解答》3

《解説》

ア．誤り。

キャッシュ・フロー計算書においては、一会計期間におけるキャッシュ・フローを、営業活動によるキャッシュ・フロー、投資活動によるキャッシュ・フロー及び財務活動によるキャッシュ・フローの3つに区分して表示する（「連結キャッシュ・フロー計算書等の作成基準」第二・二1）。

イ．誤り。

営業活動によるキャッシュ・フローの表示方法には直接法と間接法の選択適用が認められており、間接法により表示する場合には、法人税等を控除した後の当期純利益ではなく、法人税等を控除する前の当期純利益から開始する形式によることとされている。

ウ．正しい。

「連結キャッシュ・フロー計算書等の作成基準」第二・二3。

エ．誤り。

法人税等の表示区分としては、営業活動によるキャッシュ・フローの区分に一括して記載する方法と3つの区分のそれぞれに分けて記載する方法とが考えられるが、それぞれの活動ごとに課税所得を分割することは一般的には困難であると考えられるため、営業活動によるキャッシュ・フローの区分に一括して

記載する方法によることとされている（「連結キャッシュ・フロー計算書等の作成基準」第二・二２）。

オ．誤り。

利息の受取額及び支払額は、総額で表示しなければならない（「連結キャッシュ・フロー計算書等の作成基準注解」注６）。

第 18 章

研究開発費等
の会計

解答・解説編

78 研究開発費の会計

《解答》 5

《解説》

ア．誤り．

　新経営組織の採用、市場の開拓および資源の開発のための支出は「研究開発費等に係る会計基準」の研究開発費に含まれないが、すべて開発費として資産計上することができるわけではなく、経常費の性格をもつものは開発費には含まれない（「繰延資産の会計処理に関する当面の取扱い」3(5)）。

イ．誤り．

　研究開発費は、すべて発生時に費用として処理しなければならないが、その場合、一般管理費として処理する方法と当期製造費用として処理する方法とがある（「研究開発費等に係る会計基準注解」注2）。

ウ．誤り．

　資産計上と費用処理の任意選択を認めると、企業間での財務諸表の比較可能性が失われること、資産計上の根拠となる将来の収益の獲得可能性については、一般に非常に大きな不確実性があること、また一定の要件を満たすものに資産計上を強制しようとしても、その要件を実務上での客観的判断が可能な形で規定することが困難であることから、すべての研究開発費について、発生時に費用処理することが要求される（「研究開発費等に係る会計基準」三）。

エ．誤り．

　明確なプロジェクトとして製造現場で行われる改良研究は、研究ではなく開

発の定義における「著しい改良」に該当する（「研究開発費等に係る会計基準の設定に関する意見書」三1）。

オ．正しい。

　研究開発の規模について企業間の比較可能性を担保するために、研究開発費の総額を財務諸表に注記しなければならない（「研究開発費等に係る会計基準」五）。

79 ソフトウェアの会計

《解答》　5

《解説》

ア．正しい。

　「研究開発費等に係る会計基準」四2。

イ．正しい。

　「研究開発費等に係る会計基準の設定に関する意見書」三3⑷、「研究開発費等に係る会計基準」四5。

ウ．正しい。

　「研究開発費等に係る会計基準」四5。

エ．正しい。

　「研究開発費等に係る会計基準」四4、「研究開発費等に係る会計基準注解」注4。

オ．誤り。

　社内利用のソフトウェアについては、その利用により将来の収益獲得又は費用削減が確実であると認められる場合には、当該ソフトウェアの取得に要した費用を資産として計上しなければならない（「研究開発費等に係る会計基準」四3）。よって、不確実な場合には資産として計上するのではなく、費用として処理することになる。

第19章
税効果会計、法人税等

解答・解説編

80 一時差異等

《解答》 3

《解説》

ア．正しい。

例えば、受取配当金は、会計上の収益であるが、税法上は益金から除かれる
ため、両者間には配当金額だけの差異が永久に解消されないことになる（受取
配当金益金不算入額）。また、資本金が一定額以上の会社には、税法上、交際
費は認められていないが、会計上は交際費は費用とされる（交際費限度超過
額）ので、この場合もその金額だけの差異が永久に解消されないことになる。

イ．誤り。

一時差異とは、貸借対照表及び連結貸借対照表に計上されている資産及び負
債の金額と課税所得計算上の資産及び負債の金額との差額のうち、将来の期間
において課税所得に算入される差額をいい税効果会計の適用対象となるもので
あるが、繰越欠損金等は一時差異には含まれない（「税効果会計に係る会計基
準」第二・一4）。

ウ．正しい。

資産の評価替えにより生じた評価差額が直接純資産の部に計上され、かつ、
課税所得の計算に含まれていない場合とは、例えば、その他有価証券を時価評
価し、評価差額が生じる場合が該当する。当該差額は一時差異に該当し、税効
果会計の対象となる（「税効果会計に係る会計基準」第二・一2）。

エ．誤り。

将来加算一時差異とは、当該一時差異が解消するときにその期の課税所得を増額する効果を持つものであり、法人税等の支払いが前払いではなく未払いとなり、それを示す勘定は繰延税金資産ではなく繰延税金負債である。

オ．正しい。

　　繰越外国税額控除については、会計上も、税務上も資産として計上されるわけではないため一時差異ではないが、将来の法人税等の支払いが減額されたことになり、一時差異と同様の税効果を有することから、一時差異と同様に取り扱うことになるのである。

81 繰延法と資産負債法

《解答》 3

《解説》

ア．誤り。

　　税効果会計の方法、すなわち繰延税金の計算方法には、繰延法と資産負債法とがあるが、「税効果会計に係る会計基準」においては、繰延法ではなく、資産負債法によることとしている。繰延法とは、企業会計上の収益・費用の金額と税務上の益金・損金の金額に相違がある場合において、その差異項目である期間差異について、貸借対照表上、繰延税金資産又は繰延税金負債として計上する方法である。

イ．正しい。

　　その他有価証券を時価評価し、その評価差額を純資産の部に計上する場合、会計上の資産と税務上の資産との間に差異（一時差異）が発生するため、資産負債法によれば税効果会計の対象となるが、会計上の収益・費用と税務上の益金・損金との間の差異（期間差異）が発生しないため、繰延法によれば税効果会計の対象とならない。

ウ．誤り。

　　繰延法では、課税所得に基づく納税義務額のうち、当期の企業会計上の利益に対応しない部分を繰り延べることが焦点となることから、税効果会計に適用

される税率は、期間差異の解消年度のものではなく、期間差異の発生年度のものが適用され、その後に税率の変更があっても繰延税金の修正を行わない。

エ．正しい。

　資産負債法は、一時差異について、貸借対照表上、繰延税金資産又は繰延税金負債として計上する方法である。この場合に計上される繰延税金資産は、将来の法人税等の支払額を減額する効果を有し、一般的には法人税等の前払額に相当するため、資産としての性格を有するものと考えられる。また、繰延税金負債は、将来の法人税等の支払額を増額する効果を有し、法人税等の未払額に相当するため、負債としての性格を有するものと考えられる（「税効果会計に係る会計基準の設定に関する意見書」二2）。

オ．誤り。

　資産負債法では、将来期間における前払税金の回収額又は追加支払額の計上を重視することから、税効果会計に適用される税率は、一時差異の発生年度のものではなく、一時差異の解消年度のものが適用され、その後に税率の変更があれば繰延税金の修正を行う（「税効果会計に係る会計基準」第二・二2、「税効果会計に係る会計基準注解」注6）。

82　繰延税金資産・繰延税金負債、財務諸表の開示

《解答》　2

《解説》

ア．誤り。

　繰延税金資産と繰延税金負債の差額を期首と期末で比較した増減額は、当期に納付すべき法人税等の調整額として計上しなければならない。ただし、資産の評価替えにより生じた評価差額が直接純資産の部に計上される場合には、当該評価差額に係る繰延税金資産または繰延税金負債を当該評価差額から控除して計上する（「税効果会計に係る会計基準」第二・二3）。したがって、法人税等調整額は、すべての繰延税金資産とすべての繰延税金負債の差額を期首と期末で比較した増減額として計算されるわけではない。

イ．正しい。

「税効果会計に係る会計基準注解」注7。

ウ．正しい。

「「税効果会計に係る会計基準」の一部改正」第2項。

エ．誤り。

同一納税主体の繰延税金資産と繰延税金負債は、双方を相殺して表示する。
異なる納税主体の繰延税金資産と繰延税金負債は、双方を相殺せずに表示する
（「「税効果会計に係る会計基準」の一部改正」第2項）。

オ．正しい。

「「税効果会計に係る会計基準」の一部改正」第4項。

83 連結財務諸表における税効果会計

《解答》 2

《解説》

ア．正しい。

資本連結手続において生じたのれんは税務上の資産計上もその償却額の損金
算入も認められておらず、また子会社における個別貸借対照表上の簿価は存在
しないため一時差異となる。しかし、のれんに対して税効果を認識すれば、の
れんが変動し、それに応じてまた税効果を認識するという循環が生じてしまう
ため、現行制度上、のれんに対して税効果を認識しないこととされている。

イ．誤り。

現行制度上は、未実現損益の消去に関する従来からの実務慣行を勘案し、そ
れと整合するよう未実現損益の発生年度における売却元の税率を適用すること
とされているが、これは「税効果会計に係る会計基準」が採用している資産負
債法の考え方とは整合しておらず、資産負債法の例外として取り扱うものとさ
れている。

ウ．正しい。

個別財務諸表において連結会社に対する債権に貸倒引当金を計上し、当該貸

倒引当金繰入額について税務上の損金算入の要件を満たしていない場合であっ
て、当該貸倒引当金繰入額に係る将来減算一時差異の全部又は一部に対して繰
延税金資産が計上されているときは、連結決算手続上、債権と債務の相殺消去
に伴い当該貸倒引当金が修正されたことにより生じた当該貸倒引当金に係る連
結財務諸表固有の将来加算一時差異に対して、当該繰延税金資産と同額の繰延
税金負債を計上する。当該繰延税金負債については、個別財務諸表において計
上した貸倒引当金繰入額に係る将来減算一時差異に対する繰延税金資産と相殺
する。

エ．正しい。

　連結財務諸表の作成上、投資の売却および投資評価減の税務上の損金算入を
解消事由とする子会社への投資に係る一時差異の税効果に関しては、予測可能
な将来、売却の意思決定が明確な場合または投資評価減の損金算入の要件が満
たされることとなる場合を除き、認識しない。これに対して、配当受領を解消
事由とする子会社の留保利益に係る税効果に関しては、通常、親会社は子会社
の留保利益を回収するものであるので、原則として認識する。

オ．正しい。

　「税効果会計に係る会計基準注解」注7。

84 法人税等の表示

《解答》 1

《解説》

ア．正しい。

　「法人税、住民税及び事業税等に関する会計基準」第7項。

イ．正しい。

　「法人税、住民税及び事業税等に関する会計基準」第9項、第10項。

ウ．誤り。

　法人税、住民税及び事業税等の税額が、中間申告により納付された税額を下
回る場合等により還付されるとき、当該還付税額のうち受領されていない税額

は、貸借対照表の投資その他の資産ではなく、流動資産の区分に、未収還付法人税等などその内容を示す科目をもって表示する（「法人税、住民税及び事業税等に関する会計基準」第12項）。

エ．誤り。

　　法人税、住民税及び事業税等のうち納付されていない税額は、貸借対照表の流動負債の区分に、未払法人税等などその内容を示す科目をもって表示する。法人税、住民税及び事業税等の更正等による追徴税額のうち納付されていない税額は、これに含めて表示する（「法人税、住民税及び事業税等に関する会計基準」第11項、第17項）。

オ．誤り。

　　受取利息及び受取配当金等に課される源泉所得税のうち法人税法等に基づき税額控除の適用を受けない税額は、損益計算書の営業外費用として表示する。ただし、当該金額の重要性が乏しい場合、法人税、地方法人税、住民税及び事業税（所得割）に含めて表示することができる（「法人税、住民税及び事業税等に関する会計基準」第13項）。

第20章
退職給付の会計

解答・解説編

85 退職給付の会計の基礎概念

《解答》 5

《解説》

ア．誤り。

　「退職給付に関する会計基準」は、役員の退職慰労金については適用されない（「退職給付に関する会計基準」第3項）。

イ．誤り。

　退職給付の性格に関しては、賃金後払説、功績報償説、生活保障説等があるが、わが国の退職給付会計基準は、功績報償説ではなく、賃金後払説の考え方を基本としている（「退職給付に関する会計基準」第53項）。

ウ．誤り。

　複数の退職給付制度を採用している場合において、1つの退職給付制度に係る年金資産が当該退職給付制度に係る退職給付債務を超えるときは、当該年金資産の超過額を他の退職給付制度に係る退職給付債務から控除してはならない（「退職給付に関する会計基準」脚注1）。

エ．誤り。

　退職給付債務は、退職により見込まれる退職給付の総額（退職給付見込額）のうち、期末までに発生していると認められる額を割り引いて計算する。なお、当期に発生したと認められる額を割り引いて計算するのは、勤務費用である（「退職給付に関する会計基準」第16項、第17項）。

オ．正しい。

「退職給付に関する会計基準」脚注 5 、第57項。

86 退職給付債務等

《解答》 3

《解説》

ア．誤り。

　退職給付債務は、原則として個々の従業員ごとに計算する。勤続年数、残存勤務期間、退職給付見込額等について標準的な数値を用いて加重平均等により合理的な計算ができると認められる場合には、当該合理的な計算方法を用いることが認められているが、当該方法は強制されるものではない（「退職給付に関する会計基準」脚注 3 ）。

イ．誤り。

　退職給付見込額の期間帰属方法について、期間定額基準が最適とはいえない状況があったとしても、これを一律に否定するまでの根拠はないことや、また、国際的な会計基準では、給付算定式に従った方法の見直しが検討されていることを踏まえ、適用の明確さでより優れていると考えられる期間定額基準についても、給付算定式基準との選択適用という形で認められている（「退職給付に関する会計基準」第19項、第63項）。

ウ．正しい。

　「退職給付に関する会計基準」第20項、脚注 6 。

エ．誤り。

　将来の昇給予想を織り込んで計算した退職給付債務は、累積給付債務ではなく、予測給付債務である（「退職給付に関する会計基準」脚注 5 ）。

オ．誤り。

　退職給付費用については、原則として売上原価または販売費および一般管理費に計上する。新たに退職給付制度を採用したときまたは給付水準の重要な改訂を行ったときに発生する過去勤務費用を発生時に全額費用処理する場合などにおいて、その金額が重要であると認められるときには、当該金額を特別損益

として計上することが認められているが、当該方法は強制されるものではない（「退職給付に関する会計基準」第28項）。

87 退職給付費用等

《解答》 5

《解説》

ア．誤り。

　従業員からの拠出がある企業年金制度を採用している場合には、勤務費用の計算にあたり、従業員からの拠出額を差し引く（「退職給付に関する会計基準」脚注4）。

イ．誤り。

　年金資産とは、特定の退職給付制度のために、その制度について企業と従業員との契約（退職金規程等）等に基づき積み立てられた特定の資産であり、①退職給付以外に使用できないこと、②事業主および事業主の債権者から法的に分離されていること、③積立超過分を除き、事業主への返還、事業主からの解約・目的外の払出し等が禁止されていること、④資産を事業主の資産と交換できないことという要件のいずれかではなく、すべてを満たすものをいう（「退職給付に関する会計基準」第7項）。

ウ．誤り。

　過去勤務費用の発生額については、当期の発生額を翌期から費用処理する方法を用いることは認められず、当期から費用処理する方法を採用しなければならない。なお、当期の発生額を翌期から費用処理する方法を用いることが認められているのは、数理計算上の差異である（「退職給付に関する会計基準」脚注7）。

エ．正しい。

　「退職給付に関する会計基準」脚注7、脚注9。

オ．正しい。

　「退職給付に関する会計基準」第24項、第55項。

88 退職給付会計における財務諸表の表示方法等

《解答》 6

《解説》

ア．誤り。

連結貸借対照表において退職給付に係る負債を計上するにあたっては、当該負債は原則として退職給付引当金ではなく、「退職給付に係る負債」等の適当な科目をもって計上する（「退職給付に関する会計基準」第39項）。

イ．誤り。

確定拠出制度においては、当該制度に基づく要拠出額をもって費用処理する。当該費用は、退職給付費用に含めて計上し、確定拠出制度に係る退職給付費用として注記する（「退職給付に関する会計基準」第31項、第32項）。

ウ．正しい。

「退職給付に関する会計基準」第26項。

エ．正しい。

「退職給付に関する会計基準」第33項。

第21章

金融商品の会計

解答・解説編

89 金融商品の時価

《解答》 6

《解説》

ア．誤り

　　「時価の算定に関する会計基準」は、(1)「金融商品に関する会計基準」における金融商品の時価と、(2)「棚卸資産の評価に関する会計基準」におけるトレーディング目的で保有する棚卸資産の時価に適用される（「時価の算定に関する会計基準」第3項）。

イ．誤り

　　時価は、算定日における市場参加者間の秩序ある取引が行われると想定した場合の出口価格（資産の売却によって受け取る価格または負債の移転のために支払う価格）であり、入口価格（交換取引において資産を取得するために支払った価格または負債を引き受けるために受け取った価格）ではない（「時価の算定に関する会計基準」第5項、第31項(2)）。

ウ．正しい

　　「時価の算定に関する会計基準」第4項(1)。

エ．正しい

　　「時価の算定に関する会計基準」第4項(5)、第8項。

90 金融資産・金融負債の発生及び消滅の認識

《解答》 3

《解説》

ア．誤り。

　金融資産の契約上の権利又は金融負債の契約上の義務を生じさせる契約を締結したときは、原則として、当該金融資産又は金融負債の発生を認識しなければならないが、商品等の売買又は役務の提供の対価に係る金銭債権債務は、原則として、当該商品等の受渡し又は役務提供の完了によりその発生を認識する（「金融商品に関する会計基準」脚注3）。

イ．正しい。

　金融資産については、当該金融資産の契約上の権利を行使したとき、契約上の権利を喪失したとき又は契約上の権利に対する支配が他に移転したときに、その消滅を認識する（「金融商品に関する会計基準」第8項）。

ウ．誤り。

　第一次債務を引き受けた第三者が倒産等に陥ったときに二次的に責任を負うという条件の下で、債務者が金融負債の契約上の第一次債務者の地位から免責されることがあるが、この場合には、リスク・経済価値アプローチではなく、財務構成要素アプローチにより当該債務に係る金融負債の消滅を認識する（「金融商品に関する会計基準」第60項）。

エ．正しい。

　「金融商品に関する会計基準」第12項。

オ．正しい。

　「金融商品に関する会計基準」第13項。

91 金融商品の評価(1)

《解答》 3

《解説》

ア．正しい。

「金融商品に関する会計基準」第15項。

イ．誤り。

関連会社株式は、償却原価ではなく、取得原価をもって貸借対照表価額とする（「金融商品に関する会計基準」第17項）。

ウ．誤り。

その他有価証券は、時価をもって貸借対照表価額とし、評価差額は切り放し方式ではなく、洗い替え方式に基づき、評価差額の合計額を純資産の部に計上するか、時価が取得原価を上回る銘柄に係る評価差額は純資産の部に計上し、時価が取得原価を下回る銘柄に係る評価差額は当期の損失として処理するかのいずれかの方法により処理する（「金融商品に関する会計基準」第18項）。

エ．正しい。

「金融商品に関する会計基準」第19項。

92 金融商品の評価(2)

《解答》 1

《解説》

ア．正しい。

「金融商品に関する会計基準」第14項。

イ．正しい。

「金融商品に関する会計基準」第26項。

ウ．誤り。

デリバティブ取引により生じる正味の債権及び債務は、時価をもって貸借対照表価額とするが、評価差額については、ヘッジに係るものはヘッジ対象物に

合わせて損益計上されることとなるため、それを除き、当期の損益として処理することになる（「金融商品に関する会計基準」第25項）。

エ．誤り。

満期保有目的の債券、子会社株式及び関連会社株式並びにその他有価証券のうち、市場価格のない様式等以外のものについて時価が著しく下落したときには、回復する見込があると認められる場合を除き、時価をもって貸借対照表価額とし、評価差額は当期の損失として処理しなければならない。なお、この場合には当該評価切り下げ前の金額ではなく、当該時価をもって翌期首の取得原価とする（「金融商品に関する会計基準」第20項、第22項）。

93 貸倒見積高の算定

《解答》 5

《解説》

ア．誤り。

一般債権については、債権全体又は同種・同類の債権ごとに、債権の状況に応じて求めた業種ごとの法定貸倒繰入率ではなく、過去の貸倒実績率等の合理的な基準により貸倒見積高を算定する（「金融商品に関する会計基準」第28項(1)）。

イ．正しい。

「金融商品に関する会計基準」第28項(2)。

ウ．誤り。

破産更生債権等については、その債権額全体ではなく、債権額から担保の処分見込額及び保証による回収見込額を減額し、その残額を貸倒見積高とする（「金融商品に関する会計基準」第28項(3)）。

エ．正しい。

「金融商品に関する会計基準」脚注9。

94 ヘッジ会計

《解答》 6

《解説》

ア．誤り。

　予定取引は未履行の確定契約に係る取引と、契約等が締結されていないものの将来実行される可能性が極めて高い取引（狭義の予定取引）とがあるが、両取引ともにヘッジ対象となる（「金融商品に関する会計基準」脚注12）。

イ．誤り。

　ヘッジ会計は、原則として、時価評価されているヘッジ手段に係る損益又は評価差額を、ヘッジ対象に係る損益が認識されるまで繰り延べる方法（繰延ヘッジ）による。ただし、ヘッジ対象である資産又は負債に係る相場変動等を損益に反映させることにより、その損益とヘッジ手段に係る損益とを同一の会計期間に認識すること（時価ヘッジ）もできる（「金融商品に関する会計基準」第32項）。

ウ．正しい。

　「金融商品に関する会計基準」第33項。

エ．正しい。

　「金融商品に関する会計基準」第34項。

95 複合金融商品

《解答》 6

《解説》

ア．誤り。

　転換社債型新株予約権付社債の取得者側においては、その取得価額を社債の対価部分と新株予約権の対価部分とに区分せず、普通社債の取得に準じて処理することとなる（「金融商品に関する会計基準」第37項）。

イ．誤り。

転換社債型新株予約権付社債以外の新株予約権付社債の発行者側においては、社債の対価部分については負債の部に計上し、新株予約権の対価部分については、仮勘定として負債の部ではなく、純資産の部に計上する（「金融商品に関する会計基準」第38項(2)）。

ウ．正しい。

　　「金融商品に関する会計基準」第39項。

エ．正しい。

　　「金融商品に関する会計基準」第40項。

第 **22** 章
外貨換算会計

解答・解説編

96 取引発生時の処理

《解答》 3

《解説》

ア．誤り。

　いわゆるメーカーズ・リスク特約の付された取引は、外貨建取引に該当する（「外貨建取引等会計処理基準注解」注1）。

イ．正しい。

　「外貨建取引等会計処理基準」一2(1)①②。

ウ．正しい。

　「外貨建取引等会計処理基準注解」注3。

エ．誤り。

　取引の行われた半期等を算定期間とする平均相場は、期中平均相場として用いることができるが、取引発生時の為替相場として用いることはできない（「外貨建取引等会計処理基準注解」注2、注12）。

オ．誤り。

　決算日前後の為替相場の変動状況から判断して、決算日の直物為替相場が異常と認められる場合には、決算時の為替相場として、決算日の前後一定期間の直物為替相場に基づいて算出された平均相場を用いることもできる（「外貨建取引等会計処理基準注解」注8）。

97 決算時の処理

《解答》 2

《解説》

ア．誤り。

　外貨建金銭債権債務に償却原価法を適用する場合における償却額は、期中に徐々に発生するものとみなされることから、決算時の為替相場ではなく、期中平均相場を用いて換算する（「外貨建取引等会計処理基準注解」注9）。

イ．正しい。

　「外貨建取引等会計処理基準の改訂に関する意見書」二1(2)。

ウ．誤り。

　外国通貨による時価を決算時の為替相場により円換算するものは、「金融商品に関する会計基準」において時価評価を行うこととされている有価証券、すなわち売買目的有価証券及びその他有価証券についてである（「外貨建取引等会計処理基準」一2(1)③）。

エ．誤り。

　外貨建有価証券について実質価額の著しい低下により評価額の引下げが求められる場合におけるその実質価額は、外国通貨による実質価額を取得時の為替相場ではなく、決算時の為替相場により円換算した額による（「外貨建取引等会計処理基準」一2(1)③ニ）。

オ．誤り。

　その他有価証券に属する債券については、金銭債権債務の換算方法との整合性の観点から、外国通貨による取得原価を決算時の為替相場で換算したことにより生じる換算差額を当期の為替差損益として処理できるとされている（「外貨建取引等会計処理基準」一2(2)、「外貨建取引等会計処理基準注解」注10）。

98 外貨建金銭債権債務の換算等、ヘッジ会計

《解答》 3

《解説》

ア．正しい。

　　ヘッジ対象である外貨建金銭債権債務が決算時の為替相場で換算され、かつ、ヘッジ手段である為替予約等も時価評価されている場合、自動的にヘッジの効果が当期の損益に反映されることになり、ヘッジの効果を会計に反映させるための特殊な会計処理であるヘッジ会計は不要となる。

イ．誤り。

　　例えば、投機目的で為替予約が締結されている場合、「金融商品に関する会計基準」におけるヘッジ会計の要件を充たしているとはいえず、ヘッジ会計を適用することはできない（「金融商品に関する会計基準」第103、104項）。

ウ．誤り。

　　振当処理の対象となる外貨建金銭債権債務等は、為替予約等を付すことにより将来のキャッシュ・フローが固定されるものに限られる。外貨建その他有価証券については、その売却時期が未確定であること、また、時価の変動により受け取る外貨額が変動することから、たとえヘッジ会計の要件を満たすとしても為替予約によりキャッシュ・フローを固定することは困難であると考えられ、為替予約の振当処理は認められない（「外貨建取引等の会計処理に関する実務指針」第5項）。

エ．正しい。

　　ヘッジ会計の要件を充たす為替予約の会計処理として繰延ヘッジを採用した後で振当処理へ変更することは、原則的な処理方法から特例的に認められた処理方法への変更であり認められない（「外貨建取引等の会計処理に関する実務指針」第3項）。

オ．正しい。

　　「外貨建取引等会計処理基準注解」注13。

99 在外支店の財務諸表項目の換算

《解答》 4

《解説》

ア．正しい。

「外貨建取引等会計処理基準」二。

イ．誤り。

収益及び費用の換算については期中平均相場によることも容認されているが、資産及び負債の換算については期中平均相場によることはできない（「外貨建取引等会計処理基準」二1）。

ウ．正しい。

「外貨建取引等会計処理基準」二2。

エ．誤り。

在外支店の財務諸表項目の換算から生じた換算差額は、為替換算調整勘定とされない（「外貨建取引等会計処理基準」二3）。

オ．誤り。

現行の会計基準上は、在外子会社と在外支店という法的な形式の違いに基づき、異なる換算方法が要求されている（「外貨建取引等会計処理基準」二、三）。

100 在外子会社等の財務諸表項目の換算

《解答》 5

《解説》

ア．誤り。

存外子会社の収益及び費用の換算については、外貨建取引等会計処理基準では期中平均相場によることを原則とし、決算時の為替相場は代替処理とされている（「外貨建取引等会計処理基準」三3）。

イ．誤り。

存外子会社における親会社との取引による収益及び費用の換算については、

親会社が換算に用いる為替相場を用いるが、この際に生じる差額については為替換算調整勘定ではなく、当期の為替差損益として処理する（「外貨建取引等会計処理基準」三3）。

ウ．誤り。

　在外子会社の資産及び負債の換算については決算時の為替相場により換算するものとし、期中平均相場による換算は認められていない（「外貨建取引等会計処理基準」三1）。

エ．誤り。

　親会社による株式の取得時における株主資本に属する項目については、株式取得時の為替相場による円換算額を付し、親会社による株式の取得後に生じた株主資本に属する項目については、当該項目の発生時の為替相場による円換算額を付する（「外貨建会計取引等会計処理基準」三2）。

オ．正しい。

　「外貨建取引等会計処理基準」三4、「貸借対照表の純資産の部の表示に関する会計基準」第8項。

資格の大原は 一発合格主義！

多くの方が一発合格できるその理由

受験指導のプロ！常勤講師！
資格の大原の講師陣は、
会計士**受験指導に特化したプロ集団**。
豊富な知識と経験を生かして、
受験生を**一発合格へと導きます**。

講1師

徹底的にこだわったオリジナル！
講師が**試験傾向に合わせて毎年改訂**する
大原オリジナル教材。
一発合格を目指すなら、
使いやすさ抜群の大原の教材です。

教2材

負担を抑えて合格レベルに到達！
多くの一発合格者を輩出した大原が
試験を徹底的に分析。
蓄積された**データ**を基に**設計**された
合格カリキュラム。

カリキュラム3

詳しくはWebで！「大原の公認会計士講座の特長」

無料受講相談受付中！

オンライン	来 校
電 話	メール

公認会計士を目指す方に最適な合格プランをご提案いたします。
大学生はもちろん、高校生から社会人まで多くの合格者と接してきた
経験豊富な講師が皆さんの受講・受験に向けた不安を解消いたします。
ぜひお気軽にお問い合わせください。

正誤・法改正に伴う修正について

本書掲載内容に関する正誤・法改正に伴う修正については「資格の大原書籍販売サイト　大原ブックストア」の「正誤・改正情報」よりご確認ください。

https://www.o-harabook.jp/
資格の大原書籍販売サイト　大原ブックストア

内容に関する解説指導・ご質問対応等は行っておりません。
予めご了承ください。

大原の公認会計士受験シリーズ
短答式対策　財務会計論（理論）　試験に出る問題集（8版）

2016年2月25日　初版発行
2023年5月1日　　8版発行

■著　　　者——資格の大原　公認会計士講座
■発　行　者——大原出版株式会社
　　　　　　　　〒101-0065
　　　　　　　　東京都千代田区西神田1-2-10
　　　　　　　　TEL 03-3292-6654
■印刷・製本——奥村印刷株式会社

落丁本、乱丁本はお取り替えいたします。定価はカバーに表示してあります。
ISBN978-4-86783-047-5　C3033